JN117129

学術論文の作法

——論文の構成・文章の書き方・研究倫理——

［第3版］

早稲田大学名誉教授

近江幸治

OHMI Koji

成文堂

第3版 緒言

　本書の初版は2011年上梓であり、それからちょうど10年を経ての改訂である。出版の動機は、初版の「緒言」に書いたとおりであり、いまでもその思いは同じである。

　ただ、述懐すると、『〜の作法』は、直接には、高校時代に接した丹羽文雄『小説作法』（1965・角川書店）に影響されたからであって、その頃、伊藤整『改訂小説入門』（1956・光文社）や岩淵悦太郎編著『悪文』（1960・日本評論社）などの影響もあり、いつかはこんな手引書を出したいなと思っていた。研究職を得てから約40年後に、やっと実現させることができた。

　きっかけは、2000年から4年間、大学院法学研究科長に就任して、物事を大局的に見なければならない立場になったとき、数多くの修士論文・博士論文を審査してきた経験から、また大学院生や学部学生に対する指導方法を振り返り、後生に対していくつかのアドバイスを感じたからである。そこで、学問や学習の前提として必要な「技法」を、最低限まとめようとした。その意味では、学生を指導している多くの教員が考えていることを、文章にしたにすぎない。

　ただ、このような「指導書」は、ややもすると、経験則を無視した"高いところ"からの"押し付け"になりがちである。本書は、そのような高邁なものではなく、執筆や文章表現に関する一

定の法則を、卑近の例を挙げて解説したにすぎない。恥を忍んで拙い私の論文を挙げているのもそのためである。また、本書内の〔例〕は、すべて実例に基づいているものであり、決して架空のものを掲げているわけではない。

＊　　　　＊　　　　＊

今回の改訂は、特に 第2部 「文章の書き方」と 第4部 の「研究倫理」を全面的に書き改めたこと、第5部 の文献の引用方法・略語表を使いやすく入れ替えたこと、第6部 の法令・規則についても重要な改正があるので最新のものに改めたこと、などである。特に、「文章の書き方」については、一応日本語文法上体系的に整理した。

ついでながら、本書では、執筆上のルールにつき、「論文」については「ダメな論文」の例を、「文章」については「悪文」の例を、「研究倫理」については「反倫理的事例」を、それぞれ掲げてある。これは、「第2版緒言」でも記したとおり、執筆方法や文章表現は執筆者の価値観によって異なり、したがって、"唯一正しい"ということはなく、文章の表現についても"このように書かなければならない"という法則はないからである。そこで、指導があるとすれば、「ダメな論文」、「悪文」、「反倫理的事例」を反面教師として掲げ、"このようにしてはいけない"とすることだけである（上記、岩淵悦太郎編『悪文』は、このような視点から書かれた手引書である）。

また本書では、研究倫理についても多くの〔例〕を挙げているが、これらのことからも、それらがいかに身近に起こり得るものであるかわかるであろう。研究を志す者は、一定のルールに十分

に配慮注意しつつ、研究の道を歩まなければならない。

＊　　　＊　　　＊

　最後に、本書の出版を快く引き受けて下さった成文堂阿部成一社長、時間をいとわずに丹念に校正をして下さった同編集部小林等氏に、心から感謝を申し上げたい。

　2021 年 10 月 17 日

早稲田大学名誉教授

近 江 幸 治

第2版 緒言

　第1版を上梓してから4年以上が経過したが、本書のような特に法律系・社会科学系領域における"学問外の"「手引き書」があまり存在しなかったので、それなりに意義があったものと思っている。そこで、貴重な要望等も寄せられたため、それらを踏まえて、大幅に改訂することにした。

　改訂の趣旨の第1は、「文章による表現技術」を具体的に指示したことである。「文章」とは、人が頭の中で考えたことを文によって表現したものである。この表現には、幾通りもの形があり、"唯一・絶対の表現"というのはあり得ない。文章によるにせよ、「表現」とは、人の思惟に、表現者の個性や経験、知識などが深く反映された形象行為だからである。したがって、1つの事柄を言い表す場合でも、人により無数の表現があり得、"正しい表現"というものはない。答案や論文の指導において、"模範的な"解答を示すことはできるが、"正しい"解答を示すことはできないのは、この意味なのである。

　このような場面において、私たちができることは、"模範"ないし"正解"の反対である、"正しくない"ないし"避けてほしい"または"悪文"の「例」を示すことである。そして、それが、おそらく、文章作成に対する唯一の指導方法であろうと思う。そこで、そのような例を多く挙げて、文章作成技法の一つと

した。本書では、一貫してこの方法で説明している。

　第2は、「研究倫理」に関してである。この点も、「あれはいけない、これはいけない」と抽象的に言うよりも、具体的な例を挙げて、厳守させようとした。剽窃などについては社会的に大きな問題となっているし、大学のレポート・定期試験等においても、毎回違反者が出て処分の対象となっているのが実情である。研究者や学生は、安易な引用が重大な犯罪行為であることを認識し、先行者に対して敬意を表しつつ、創造的な世界に身を置いてほしい。とりわけ「研究倫理」は、人の創造的価値の尊重を基底としているため、その保護規範である「著作権法」の全条文を、本書の末尾に掲げた。

　なお、本書は、主に大学生・大学院生を対象としてことから、その研究論文は指導教授から指導を受けて完成させるものという認識に立っている。したがって、指導教授との信頼関係は欠かせない。そこで、反面において問題となる指導教授の「指導倫理」についても触れた。

　第3は、近時、重要性を増している「リサーチペーパー」を新たに取り上げたことである。リサーチペーパーは、質・量的にも修士論文ではないし、単なるレポート（報告書）というものでもない。そこで、「リサーチペーパー」のあり方（位置づけ）とその執筆方法を、現在各大学・大学院で理解されているレベルを前提として考察した。

　総じて、卑近な具体例を挙げ、経験をふまえて、現代的な視点から説明することに努めた。

　第2版においても、成文堂の阿部成一社長と飯村晃弘編集部

長、及び編集部松田智香子さんに大変お世話になった。心から感
謝を申し上げる。

　　2016 年 5 月 8 日

　　　　　　　　早稲田大学法学学術院教授

　　　　　　　　　　　　近 江 幸 治

緒　言

　これまで、わが国の大学や大学院においては、「論文」執筆の「方法」について、十分な指導が行われてこなかったように思う。多くの場合、指導教授による徒弟的な指導とか、学生の自主的な研鑽によるところが多かったのである。そのため、学生ばかりか、一般人にとっても、"論文の執筆"は、はるかに遠いものと感じられていた。

　他方、大学院制度に目を向けると、文系、特に「法律系」では、博士学位を取得する年齢が高く、そのことから、"文系大学院ではなかなか博士学位を出さない"として、教育や研究のあり方とともに批判の的とされてきた。この背景には、いくつかの原因があろう。

　第1に、その最も大きな要因は、学位を持たなくても大学教員になれることである。そして、身分も、一定の年数が経つと、助手→専任講師→准教授（助教授）→教授へとほぼ自動的に昇進するし、また、学位をもっていても給料が上がるわけではない。このことが、逆に、学位論文を書く必要性をなくしてきたといってよいのである。

　第2に、上記のこと以外に、学位論文の"特殊性"にもその原

因がある。学位論文は、テーマについて“創造性”が要求され、その創造的「仮説」を論証するという論文構成をとらなければならない。その意味では、“特殊な”論文である。創造的知見は、そんなに簡単に得ることができるものでなく、それなりの学問的に磨かれた視点と長期の研究期間が必要である。しかし、このような研究は、職に就くと雑用に追われ、上記第1の理由と相俟って、おろそかにされてきたのも事実である。ともあれ、わが国において、これまでは、学者全体の数からみて学位取得者が圧倒的に少なかった。

　さて、この“博士学位を出さない”ことに業を煮やした文部省・文部科学省は、「課程」において一定の研究指導を受けることにより学位を取得させる「課程による博士学位」を原則とし（反対に、「課程によらない論文博士」を例外とし）、名称的にも、法律学を例にとると、「法学博士」→「法学博士（○○大学）」→「博士」（法学）（○○大学）へと変えるなど、様々な一般化政策をとってきた。もちろん、この背景には、欧米の影響やアジア各国の動きがあることは無視できない。欧米の大学では1〜2年で容易に博士学位を取得できる。このため、アジア各国の留学生は、留学しても博士学位を取得できない日本を離れ、欧米に留学先を求めているのが現状である。韓国や中国では、大学教員となるためには博士号取得を要求しているから、日本以上に深刻である。

　しかし、時代は変わっている。あらゆる分野が専門化している今日において、その分野でエキスパートになるためには、その特

殊的な専門課程での教育を必要としている。そして、その専門教育課程を経た者には、その証として「学位」が与えられるのが当然である。現代の大学院は、このような「専門的教育」研究課程として捉えられなければならないのである。それゆえ、修士課程を経た者には「修士学位」が、博士課程を経た者には「博士学位」が与えられるのも、ごく自然の結果なのである。

　要するに、学位は、「課程」に対して与えられるもので、「論文」に対して与えられるものではないという発想である（学校教育法104条1項、文部科学省令学位規則3条・4条1項）。ただし、修士論文・博士論文を不要とするのではなく、どのように扱うかは、各大学の運用に委ねられている。これを承けて、各大学大学院は、従来どおり、修士論文・博士論文をその課程修了の重要な要件としている。また、前掲学位規則も、修士論文・博士論文の審査があり得ることを前提としている（5条）。

　早稲田大学法学研究科は、このような時代の流れに先んじて、2007年度から、博士後期課程入学試験を廃止して「修士・博士一貫システム」を採用し、かつ、その期間を「コースワーク」教育課程と位置づけ、適時のステップを履むことによって「博士学位」を取得できるシステムを構築した。この教育システムは、2008年度から3年間の文部科学省「大学院教育改革推進プログラム」の支援を受けていっそう発展させることができた（この成果は、早稲田大学大学院法学研究科編『法科大学院時代における研究大学院の教育改革と展開』（2011年・日本評論社）として公刊した）。そして、これからの大学院のひとつのあり方として、他大学にも

影響を与えてきたように思われる。

　さて、このような大学院教育改革（学位授与の推進）にあたって、ひとつだけ「注意」と「反省」をしなければならないことがある。「注意」というのは、「学位」は、上記のように確かに「課程」に対して与えられるものであるが、「論文」がその課程修了の重要な要件であることに変わりはないということである。修士課程・博士課程は「研究課程」であって、その研究修了の成果として「論文」を要求することは、決して過重な要求ではない。この点、専門大学院や海外の大学で（特に留学生に対して）要求される「リサーチ・ペーパー」とは、執筆意義が異なるのである。

　そして、「反省」というのは、大学院教育改革として確かに学位授与のプロセスは明確にしたが、教育研究の中身（成果）である「学位論文」の"作成方法"については、依然として指導教授に任せてきたことである。要するに、"がんばれ！"といっているだけで、その作成の方法については触れてこなかったのである。

　そこで、このような反省の上に立って、私は、大学院法学研究科長として（2008年〜。1996年〜2000年は大学院教務委員（現教務主任））これまで修士論文・博士論文につき"善し・悪し"多くの事例に接してきたことから、ある意味ではその"職責"として、学位論文の執筆作法を示すことにした。これが、本書の執筆動機である。

　学位論文は、"創造性"をもった《仮説の論証》が論理展開の

骨格にならなければならないから、一般の論文と異なり、"特殊な"論文である。しかし、研究心をもってテーマを設定し、研究期間内で計画的に一定の手順──すなわち、テーマの設定→仮説の決定→仮説の論証、そのプロセスでの資料の収集のしかたなど──を履践すれば、執筆は決して難しくはない。本書は、このような手順と技法を示すものであるが、この際、大義名分や高邁な理念などを強調したところであまり生産的ではないので、一歩踏み込み、論文作成プロセスの手順と各段階での必須の事項につき、具体的な方法や基準、具体的事例、自分の経験などをふまえて説明する。したがって、多分に"手記"的なところもある。なお、制度としては早稲田方式を中心とするが、他大学大学院においても、修士課程2年・博士後期課程3年というコースは同じであり、「いつの時点で何をすべきか」についても変わるところはないであろうから、同様のワークとして参考になろう。

　最後の箇所では、小論文・リサーチペーパーと答案の書き方についても触れた。このような"書き方"は、技術であって学問的な事柄ではないということから、教育の枠外に置かれてきたのも事実である。このため、このような指導は、大学・大学院では、ほとんど行われていない。しかし、現実には、学生が最も必要としている勉学上のノウハウなのである。その書き方いかんで、自分の能力に対する評価が左右されるからである。
　ひるがえって考えれば、教鞭を執る者は、当該科目の教育効果を見るために「試験」を行うのであるが、その際に、自分が与えた"課題（試験）"に対して、その"返答（答案）"の方法につき

一定の指針を示すことも、当該教育（授業）のひとつの内容であると思う。そうであれば、このような技術を軽視することはできない。教員は、多くの"良い答案・悪い答案"に接しているはずだから、その経験を活かして指導に当たるべきであろう。

　最後に、法学研究科のスタッフとして、大学院生からの相談の応対をはじめ、学位論文の申請受理から授与までの煩雑な事務をつかさどっている、鈴木宏隆課長、吉田昭仁主任、宮下伸一氏、および法学学術院の嶋根裕子さんに、お礼を申し上げる。また、本書の出版を快諾していただいた成文堂阿部耕一社長、丹念に校正をして下さった同土子三男取締役、同石川真貴さんに、感謝を申し上げたい。

　　　2011 年 9 月 25 日

　　　　　　早稲田大学大学院法学研究科長

　　　　　　　　　　　　近 江 幸 治

目　次

第1部　学術論文と学位論文

Ⅰ　学術論文と学位論文の特殊性

1　「学術論文」とは何か

(1)　学問・芸術における「創造的価値」

　「学術」という用語は、「学問」と「芸術」を合わせた漠然とした概念だが、普通には、「専門的な学問」という意味で使われている。学問と芸術に共通なことは、いずれも、"創造・創作"性に価値が置かれていることである。そこで、「学術論文」とは、「専門的学問として創造性がある」論文であり、具体的には、"その学問領域において従来の研究と比較して創造的価値がある"論文、すなわち専門的に「独創性」がある論文をいう。ただ、現在では、そのような本来的意味は薄れ、専門に関する論文一般を指すことがあることも否定できない。

　しかし、専門的分野に関する論文といっても、その内容や形態は様々である。学位論文（修士論文・博士論文）をはじめ、卒業論文（学士論文）、機関誌投稿論文、特定テーマの執筆依頼論文、懸賞論文、外国法紹介論文、判例批評、特定の事柄をまとめた"〜に関す

る"（総合的）研究、特定分野の体系書など、およそ専門性がある
ものはすべてこれに含まれよう。

　「学術論文」は、本来、学者が、研究の成果として（自発的にせよ
頼まれたテーマにせよ）、かつ個人的見解として、自由に書き表すも
のである。したがって、その内容や形式に制限はない（ただし、雑
誌社などからの依頼原稿については、執筆上一定の制限を受けるが、そ
のことは別問題である）。しかし、特に、自主的に執筆する学術論文
は、追って述べる《仮説の論証》がその学問的価値を決定づけるこ
とになるから、仮説の設定から論証まで、一定の執筆手順を踏む必
要がある。

　他方、現在では、欧米の大学院（修士課程ないし JD など）や日本
の専門大学院などでは、修士論文に替えて「リサーチペーパー」を
課すところが増えている。リサーチペーパーも、一つの学術論文で
あることには変わりはないが、論文の構成上、修士論文とは異なろ
う（リサーチペーパーについては、特有な問題もあるので別項 4 （12
頁）で扱う）。

(2)　特殊な学術論文「学位論文」——《学位の取得》と《創造性》

　学術論文の中でも、特定の目的のために特に厳格な審査が要求さ
れる"特殊な"論文がある。その典型が、修士論文・博士論文の
「学位請求論文」（学位論文）である。

(a)　「学位の取得」が目的

　これが"特殊"だというのは、第1に、その論文執筆の目的が、
「学位」（修士号・博士号）を取得することにあるからである。そし
て、"厳しい審査"に合格して初めて学位が授与されるのだから、
執筆者が自由に書けばいいというわけにはいかない。論文の準備か

ら完成までも、相当な時間がかかり、簡単に書けるものではない。当然のことながら、一定の「論文執筆の作法」というものが要求される。後に詳論するが、学位論文の構成および執筆手順は、一貫して《仮説の論証》でなければならない。

(b)　「創造性」があること

第2に、学術論文の本来の目的である「創造性」が認められるものでなければならない。ここでいう「創造」とは、何かを "創り出す" というポジティブな意味である。「ポジティブな創造」というのは、"これまでの学問の領域において、「新たな知見」として、確実に何かを積み上げた" ということである（9頁【学位申請論文の審査基準】4号参照）。

逆の例を挙げたほうがわかりやすい。著名な A 学者の学説について、これを徹底的に批判することを内容とした修士論文があった（その内実は、自分の指導教授 B の学説が A 説と学問的に対立していて、その一員である自分も B の立場を擁護しようというフシであったように思う）。このような "批判" 論文も、確かに、学問的に何かを創造したことは間違いない。しかし、これは、批判するだけというネガティブな意味での創造であって、学位論文に要求されるポジティブな創造ではない。もちろん、「批判」は学術論文にとっては重要な "仮説の論証手法" でもあるから、これを否定するものではないが、これに徹しただけの論文は、学位を請求する論文としては適切ではない。

研究の焦点が漠然とした "〜に関する総合的研究" や、判例の整理を主たる内容とする判例研究論文、あるいは外国法の単なる紹介を目的としたいわゆる "比較法的" 論文なども、同様である。これらは、学位を取得した後で、もしくは職を得た後で、研究の一環と

して執筆するのであれば、学界への寄与度も高く、大いに歓迎されるべきものである。しかし、学位請求論文は、それらとは目的を異にし、「新たな知見の創造」という視点が特に要求されるものである。

　なお、特に大学院生が機関誌に投稿する論文に多く見られる、外国法の紹介論文について触れておこう。川島武宜東京大学名誉教授は、次のようにいう。「今日でも日本には外国の学説を細大漏らさず紹介しただけで『論文』になるという雰囲気があるようです。どこでも、学問がおくれている国では、追いつくためにはそういうしごとも必要ですし、またそういうしごとにも中々骨が折れることは事実です。わが国では鳩山秀夫先生とか岡松参太郎先生とか石坂音四郎といった方々によって民法学がドイツにほぼ追いついたのでしょうが、追いつくために先生方はたいへんな苦労をされたと思います。そのためには、あのむずかしいドイツの学説を理解し紹介されたのは大変な功績だったと考えますが、今日の日本の法律学はもうその段階を通り越したのだと考えます。もちろん外国の学説の研究や紹介は今日もなお、否今日では一そう、必要だと考えますが、それだけで『論文』になると考えるべきでないということを言いたいのです。」[1]。

　要するに、外国法紹介論文は、学位論文や一定の学術論文としては、妥当性を欠くということである。ただ、学位論文を作成する際の資料（コンポーネント）としての価値を否定するものではないから、博士学位論文の執筆を念頭において、その論証の文献として使うことを目的とするならば結構である。ただし、その際には、「仮

1）川島武宜『ある法学者の軌跡』（1978・有斐閣）120頁。

説」がほぼ固まっており、その論証手段の1つとして使うことがある程度明確になっていなければならないであろう。大学院生の書く外国法紹介論文をみると、多くは、その分野での専門家になろうとする意欲が感じられる。それを土台として、ぜひ学位論文へとつなげてほしいものである。

　以上のように、「学位論文」は、学術論文の中でも“特殊な”論文であることを念頭に置かなければならない。これまで、学位の請求が少なかったのも、わが国において学位を持たなくても研究職に就くことができただけでなく、論文の構成においてこのような厳格な創造性が要求され、それが審査のハードルを高くしてきたことも事実なのである。

　しかし、およそ何かを“研究しよう”とする意欲があるところには、“創造性”は無限に広がっている。そして、そこで、一定の研究方法と手順を履践するならば、必ず、学位論文は完成する。本書は、このような「学位論文」の完成に向けた研究方法と論文完成の手順を会得させようとするものである。

　また、学位論文の作成の手順は、《仮説の論証》に徹した科学的証明方法でもあるから、他の論文を執筆するときにも、一般的に応用できるものと思われる。

②　修士学位論文（修士論文）

　まず、学位論文執筆の前提として、「学位」（修士学位・博士学位）の取得制度の概要と、その「審査基準」がどのようなものなのか、を理解しておかなければならない。

（1）　修士学位の取得と修士論文

「修士学位」の取得について、学校教育法は、特に「修士論文」を要求しているわけではない（法104条1項、文科省令学位規則3条。ただし、学位論文の審査があり得ることは予測されている（同学位規則5条））。修士論文の提出を修士課程の修了要件とするかどうかは、各大学大学院が独自に定めることができる。

そこで、例えば、早稲田大学では、大学院学則13条で、「〔1項〕修士課程の修了の要件は、大学院修士課程に2年以上在学し、各研究科の定めるところにより、所要の授業科目について所定の単位を修得し、かつ、必要な研究指導を受けた上、修士論文の審査および試験に合格することとする。〔2項〕前項の場合において、当該修士課程の目的に応じ適当と認められるときは、特定の課題についての研究の成果の審査をもって修士論文の審査に代えることができる。」と定めている。

このように、修士論文は、修士学位取得の必須の要件ではなく、各大学院が独自に定めている要件である。他の大学でも、同様の取り扱いをしていると思われる。

（2）　研究者としての"資質"の判定資料

「修士論文」は、このように一般的扱いとしては、事実上、大学院修士課程（博士前期課程）を修了するための要件とされている。しかし、修士論文執筆者が博士後期課程に進学する場合には、同時に、その者に研究者としての能力が備わっているかどうかを判定する資料ともなるから、極めて重要な論文である。

修士論文の内容的なレベルとしては、次掲の博士論文とは違って、①「着眼点が斬新」であり、②「そのテーマにつきどの程度勉

強してきたか」が評価の基礎となろう。②については、当該テーマについて関係する文献をほぼ網羅して参照していることが要求される（後掲 **Ⅱ** **1** (3) (22頁以下) 参照）。

　なお、早稲田大学法学研究科では、従来の教育方法を変え、大学院を「修士課程・博士課程一貫教育」とし、この中に実践的な教育方法である「コースワーク」を設定して、ここでのステップを履むことにより、5年間内に博士学位を取得させる方法へと、方針を変更した。これは、法務研究科（ロースクール）が創設されたことにより、研究者志望の学生が激減したことも原因しているが、しかし、博士課程の入学試験が酷を極めていたため、資質のある学生が合格しないで排除されてきたということに対する反省もあった。研究者としての資質は、博士課程入試で課される語学試験（2か国語）だけで評価されるべきでなく、あくまでも論文の内容で判断されるべきだからである（語学の能力については、試験でなくても、論文の中で外国語の資料がどのように使われているかで評価できよう）。それゆえ、今後は、各大学においても、この教育システムが一般化していくであろう。

3 博士学位論文（博士論文）

(1) 博士学位の取得と博士論文

　「博士学位」は、2種類ある。① 大学院博士後期課程を修了した者に対して与えられる「課程による博士」学位（甲号博士学位）、および、② 課程によらないで「論文」を提出することにより与えられる「課程によらない博士・論文博士」学位（乙号博士学位）、である。

　①の課程博士については、修士学位同様、学校教育法は博士後期課程の修了要件とはしていないが（法104条1項、文科省令学位規則4条1項。ただし、同学位規則5条あり）、各大学は、独自に、「所定の単位を修得し、所要の研究指導を受けた上、博士論文の審査および試験に合格すること」を要件としている（各大学大学院学則）。

　②の論文博士については、博士学位請求論文が要求されることは当然であり（学校教育法104条2項、文科省令学位規則4条2項）、その際、「博士論文を提出して、その審査および試験に合格し、かつ、専攻学術に関し博士課程を修了した者と同様に広い学識を有することを確認された者」に対して与えられる（各大学大学院学則）。

(2)　博士論文の水準

　博士論文の執筆者にとって最大の関心は、「どのような程度ないし水準」の論文を書かなければならないか、であろう。博士論文の内容的なレベルは、修士論文と大きく異なり、特定のテーマに関して、執筆者の創造性と高い知見とが要求されるものである。このことに関して、早稲田大学法学研究科では、以下のような内規を設けている。これは、課程による博士でも課程によらない博士（論文博士）でも、共通する審査基準である。

　分量については特に一般的な基準を設けてはいないが、外国人留学生の執筆する論文について140,000字程度を要求していることから（次掲【学位申請論文の審査基準】参照）、日本人の場合は、それ以上の分量であることが好ましいと考えなければならない。

　また、論文に付帯して提出しなければならない「概要書」については、8,000字以上あることが好ましいと、指導している（「参考文献一覧表」を添付することも必要）。

【学位申請論文の審査基準】

　本法学研究科において学位申請のため提出された論文の審査にあたっては、早稲田大学大学院学則3条1項に定める博士後期課程設置の趣旨に従い、以下の具体的基準によることとする。

1　特定のテーマについての問題意識と研究方法が明確に示されていること。
2　文献・資料の明確な引証[2] など、研究論文としての形式を備えていること。
3　当該研究分野における研究の水準に到達していること。
4　申請者の新たな知見を加え、そこに創造性が認められること。

　なお、外国人留学生が、本法学研究科所定の課程による学位の申請をした場合には、以下の諸点を考慮することができることとする。

（1）　論文を執筆する言語は、日本語を原則とするが、法学研究科委員会により特別の事情があると認められたときは、それ以外の言語で執筆することができる。
（2）　論文が日本法と母国法との比較研究を行おうとするものについては、母国法の日本への紹介に価値を認めることができるものであれば、日本法の研究部分に関しては、わが国の学界の一応の水準に到達していればよい。また、論文が日本法のみを研究対象としているものについては、日本の主要文献を読了し、相当程度

2）文献・資料の引証・提示は、学術論文においては基本中の基本である。学術論文とは、これまでの先学の業績を基礎に、その領域で一つの石（創造物）を積み上げるものだからである。過去にまったく引用がない書物に博士学位が与えられたことがあったが、申請者の所為はもとより、封建的な審査体制と審査員の資質を疑わざるを得ない。引用のない書物は、エッセイや評論の類いであり、内容いかんでは剽窃の疑いも発生しよう。

> 　の水準の研究結果がまとめられていればよい。
> 　ただし、いずれの場合にも、論文の分量としては、少なくとも 200 字詰 700 枚（140,000 字）程度を必要とし、また、論文には参照した文献の一覧表を掲載することとする。
> 　(注) 早稲田大学大学院規則 3 条 1 項
> 　　「博士後期課程は、専攻分野について研究者として自立して研究活動を行い、またはその他の高度に専門的な業務に従事するに必要な高度の研究能力およびその基礎となる豊かな学識を養うものとする。」
> ※アンダーラインは、筆者が付したもの。

(3)　「課程による博士」論文の運用

　課程博士の論文は、すでに審査で合格している「修士論文」を基礎として、それに 2 年以上の研究を積み上げて完成させるのが普通である。この場合、修士論文と違うテーマを設定してもよいが、上記の「審査基準」からわかるとおり、課程博士といっても「博士論文」である以上はそれなりの学問的レベルが要求されるのであるから、テーマを変更した場合には、それまでの 2 年間の研究成果をかなり犠牲にしなければならないことになろう。このようなことから、ほとんどの学生は、修士論文の延長とて、同じテーマないし同じ分野で博士論文を完成させているのが一般である。

　博士学位請求論文が提出されたときは、法学研究科長は当然に受理し、直ちに審査に入ることになる（大学学位規則）。したがって、博士学位のレベルに達しているか否かなどの基準は、その審査過程において判定される。次掲の論文博士の審査手続と異なるところである。提出論文がいったん否決されると、修士論文の場合と同じく二度と提出できなくなるから、学位申請に当たっては、綿密な計画と指導教授との十分な打ち合わせが必要である。

(4) 「課程によらない博士」論文の運用

「論文」のみを提出することにより博士学位を取得する「課程によらない博士」（乙号博士学位）の論文である。学校教育法104条2項は、各大学は「<u>博士の学位を授与された者と同等以上の学力</u>があると認める者に対し、博士の学位を授与することができる」とする。

しかし、提出者（学位申請者）の実際の学力を、提出された「論文」だけで判断することは困難である。この制度では、当該大学ないし大学院を卒業・修了したこととは無関係に提出できるし、大学を出ていなくても提出できるのであるから、当然のことながら、「課程による博士」とは異なった個別的な審査が必要になってくる。

そこで、博士学位請求論文が提出されたときは、まず、受理するか否かを事前審査し、受理することに決定した場合には、受理して審査に入ることになる（大学学位規則）。上記のように、博士の教育課程を経ていないため、当該論文が受理に値する一定の水準に達しているかどうかをまず判定するためである。

次に、事前審査で受理することを決定した場合に、申請者に対して「語学力審査」を行っている。これは、大学院学則が「博士学位は、第15条の規定〔博士課程修了者〕にかかわらず、博士論文を提出して、その審査および試験に合格し、かつ、専攻学術に関し<u>博士課程を修了した者と同様に広い学識を有する</u>ことを確認された者に対しても授与することができる」とし、それを承けて、同学位規則が「大学院学則による学識の確認は、<u>博士論文に関連ある専攻分野の科目および外国語についての試問</u>の方法によって行うものとする」としているからである。

申請が受理された場合、審査の対象は、「論文」1つだけである。

時々、自分の別の著作や教科書などを補助資料として併せて提出し
てくる場合もあるが、参考程度に見ることはあるとしても、あくま
で審査の対象は、学位申請論文1つである。ここでは、申請者の肩
書きや地位・身分などは一切関係ない。申請論文の内容からのみ、
上記【学位申請論文の審査基準】(9頁所掲)の各項目を基準として
審査されるのである。

　なお、提出論文の体裁については、以上の「課程による博士」・
「課程によらない博士」に共通することとして、通常は、製本(簡
易製本を含む)したものが一般的であるが、別に製本を要求してい
るわけではないから、紐などできちんと綴じてあればよい。しか
し、自分の論文の抜刷りを数冊集めて紐で綴じただけのものや、抜
刷りと手書きした200字詰原稿用紙を混在させて綴じたものなどは
受理することができない(提出者は、"自分はこれだけ論文を書いてき
た"などと言いたいのであろうが、博士論文は、そのような安易なもの
ではない)。後掲するように、「博士学位請求論文」は、全体が「1
つの論文」として、「一定の仮説を論証する」という構造になって
いなければならないからである(後掲 Ⅱ 3 (26頁以下))。

4 リサーチペーパー (research paper) について

(1) リサーチペーパーとは何か

　これまで、「学術論文」としての「博士論文」と「修士論文」を
念頭に置いて、その執筆の方法を論じてきた。ところが、最近で
は、専門大学院を中心として(あるいは、一般の大学院修士課程(博
士前期課程)においても)、「修士論文」の提出を必要とせず、その
代わりのものとして「リサーチペーパー」を提出させるところが多

くなってきた。では、「リサーチペーパー」とはどのようなものなのであろうか（なお、ここでいう「リサーチペーパー」は、後掲 第3部 で扱う「小論文」とは異なる。「小論文」は、企業内の報告書や大学・大学院入試で要求されるエントリー・シートなどをいい、文献の引用なども必ずしも必要はされない。これに対し、リサーチペーパーは、ひとつの研究活動の成果であり、その意味では「修士論文」に近接するものである）。

　この問題に入る前に注意しなければならないのは、「緒言」で述べたように、現在では、大学院修士・博士課程及び専門大学院の修了要件は、「課程」を修了することであって、「論文の合格」ではないことである（学校教育法104条1項、文科省令学位規則3条・4条1項）。したがって、改革前のような「修士論文」の提出は、制度上必要ない。しかし、この取扱いについては各大学に委ねられていることから、各大学では、まったく「論文」の提出を必要としないとする改革までは進まず、「修士論文」までのレベルは要求しないが、一定程度の「リサーチペーパー」なるものを書くことを要求するとする対応になった、というのが現実である。

　だが、「リサーチペーパー」（research paper）については、用語自体外国制度の移入であり（ただし、外国においても、その用語がどこまで明確な内容をもっているかは判然としない）、わが国での正確な概念規定はない（この理解も、各大学・各大学院によってまちまちである）。リサーチペーパーを、「調査報告書」と訳す場合もあるし、「研究論文」として扱う大学もある。

　ただ、ひとつ言えることは、<u>「修士論文」レベルの研究は必要でないが、「特定の課題」についての「調査・研究の成果」</u>を目的としたものだということである。ちなみに、文部科学省大学振興課

は、「修士論文の審査に代わる特定の課題についての研究成果の審査（例）」としていくつかの大学の例を公表しているが（平成17年2月）[3]、この中で、例えば、筑波大学経営・政策科学研究科は「特定課題研究報告書の作成」とし、東京大学法学政治学研究科は「リサーチペーパーの作成」と回答している。したがって、これらのことからもわかるように、「リサーチペーパー」とは、「修士論文」ではなく、それに代わる「特定の課題についての研究成果」として理解することが正確であろう。

　各大学での取扱いを見ると、北海道大学公共政策大学院の募集要項は、「公共政策大学院では、修了に際してリサーチ・ペーパーの作成が必要とされますが、修士論文に相当する論文の作成を必ずしも書かなければいけないわけではありません。」[4]と明言しているし、明治大学ガバナンス研究科（公共政策大学院）も、「ガバナンス研究科では、実践的・実務的な特定の課題についての研究成果を、リサーチペーパーという形で専門職学位取得の条件としています。リサーチペーパーは一般的な修士論文に比べると、より実践的かつ実務的で、具体的アプローチを扱うものとなります。」[5]としている。

(2)　リサーチペーパーと修士論文（学術論文）との違い

　上記のように、修士論文とリサーチペーパーは、「目的」の違いであると同時に、「程度」の違いでもあり、リサーチペーパーは修

---

3) http://www.mext.go.jp/b_menu/shingi/chukyo/chukyo0/toushin/attach/1335448.htm

4) http://www.hops.hokudai.ac.jp/about/qa.html

5) https://www.meiji.ac.jp/mugs2/curriculum/researchpaper.html

士論文ほどの高い程度は要求されないことである。このことは、どのような意味か。私は、この「程度」については、2つの意味があると思っている。

(a) リサーチペーパーの特徴

第1は、「修士論文」は学位論文であり、これは、論者の研究成果として「仮説」を設定してそれを論証していくというプロセスを経ていなければならない（リサーチペーパーを要求する大学院の修業年限は、多くの場合最低1年であるから、仮説の論証という作業は、時間的にも困難であろう）。

これに対し、リサーチペーパーでは、この手法の履践が要求されているわけではない。ここで必要なことは、「特定の課題」に対する周到な研究及び調査である。この「特定の課題」については、個人で設定してもよいし、指導教授の指示であってもよい。

もとより、リサーチペーパーでは「仮説の設定・論証」が必要でないということではなく、そのような構成をとった優秀なペーパーであるならなおさら結構なことであることはいうまでもない。

(b) リサーチペーパーの形式

第2は、一定の形式を要求されることである。この点は、外国制度の移入であろう。一般的に、リサーチペーパーでは、次のような形式を要求されよう。

i 字数：20,000字（日本語・全角） 20,000字を目安とするところもあれば（東京大学法学政治学研究科、早稲田大学公共政策大学院など）、厳格に20,000字を超えないこととするところもある（京都大学公共政策大学院など）。一般に修士論文では、最低でも70,000字から100,000字くらいを要求されるから、その3分の1以下となろう。このことは、逆に、「仮説を設定し、それを論証する」

という作業としても、十分な分量とはいえないであろう。

　ⅱ　論述の内容　　論述のしかたについても明確に示している
のは、早稲田大学公共経営大学院くらいであろうか。「要項」では
次のように言っている（同大学院研究科要項 41 頁）。

【リサーチペーパーの要件（例）】　「リサーチペーパーとは、基
礎科目の積み上げによって法学、政治学、経済学等のディシプリ
ンを修得し、自らが提起する問題に対してそれらのディシプリン
を駆使して解決策を提示するものであり、これは『政策提言論
文』と言い換えることができます。リサーチペーパーは以下 1 ～
8 の要件を満たすものであることが求められます。

　　1.　公共経営領域に関する課題を取り上げ、テーマ設定が適
　　　　切であること
　　2.　修得した分析手法に則って研究がされていること
　　3.　矛盾なく一貫した論旨が展開されていること
　　4.　研究内容の記述や展開が説得的であること
　　5.　実行可能性その他の評価などを検討した経過が認められ
　　　　ること
　　6.　必要最低語数を満たし、規則に則った書式であること
　　7.　博士後期課程への進学をめざすものは、独創性があるこ
　　　　と
　　8.　自らが設定した問題について、自らの調査・分析に基づ
　　　　き回答を試みていること」

　この基準は、修士論文の基準と比較して遜色ない高度なものであ
り、これをリサーチペーパーで要求することは酷ともいえるかもし
れない。ただし、この点につき、同大学院の塚本壽雄教授から、従
来の修士論文の基準に合わせて策定したもので、今後変更があり得
ることの教示を受けた。いずれにせよ、20,000 字でどれだけ「課

題」に対して調査研究ができるかが、リサーチペーパーの善し悪し
を判定するカギとなろう。

　　iii　書　式　　リサーチペーパーの「書式」については、通常
の「研究論文」と同じであると考えてよい。ただ、専門大学院で
は、研究大学院修士課程と違い、大量のリサーチペーパーが提出さ
れることになり、その書式がまちまちであると、審査員はいらぬ神
経を使うことになろう。例えば、文字のポイントが違ったり、行間
や一行の文字がばらばらであると、読み手は苦労するのである。こ
のようなことからであろうと推測するが、早稲田大学公共経営大学
院は、リサーチペーパーの「書式」について、次のような基準を設
けている[6]。大量のリサーチペーパーを読んで審査することになる
審査委員にとっては、好都合である。

　なお、この「書式」は、「注」の表記についても、法律系とは違
った形式を指示しているが、これについては、後掲 第5部 Ⅶ (234
頁) で、参考として掲げる。

【リサーチペーパーの書式】
「**用紙**：A4 判／縦置き、横書き／片面刷
本文フォント：・日本語フォントは「MS 明朝」
　　　　　　　　・英語フォントは「Century」
　　　　　　　　・英語や数字は原則として半角文字を使用
　　　　　　　　（表記が統一されていればどちらでもよいものと
　　　　　　　　する）
文字数：20,000 字（英語の場合 8,000words）を目安とする。
　　　　　※図表は除く。

---

[6] http://www.waseda.jp/fpse/gspm/assets/uploads/2014/05/20140414_RP_
guide1.pdf

本文の文字の大きさ：12.0 ポイント
　　　　　　　　　　　※図表はこの限りではない。
ページ設定：・「余白」上 35 mm、下・左・右 30 mm
　　　　　　　　・「用紙の隅からの距離」ヘッダー15 mm、
　　　　　　　　　　　　　　　　　　　フッター17.5mm
　　　　　　※このページ設定は Microsoft Word の規定値で
　　　　　　す。ページ設定の変更は、メニューバーより［ファ
　　　　　　イル］→［ページ設定］を選択してください。

構成：必ず章立てを行ってください。章立ての例とそれぞれのフォントは以下の通りです。
　表紙：必ず表紙をつけてください。
　　　　　※表紙には、修了予定年度、タイトル、主査・副査名、
　　　　　専攻、学籍番号、氏名を記入してください。
　目次：表紙の次ページには、必ず目次を挿入してください。
　序論（or はじめに）：（MS ゴシック、太字、14 ポイント）
　　　　　※序論タイトルの直後は 1.5 行程度スペースを空ける
　　　　　こと
　第1章：（MS ゴシック、太字、14 ポイント）※章タイトルの
　　　　　直後は 1.5 行程度スペースを空けること
　　第1節：（MS ゴシック、12 ポイント）※節タイトルの直後
　　　　　は 1 行スペースを空けること
　　　第1項：（MS ゴシック、12 ポイント）※項タイトルの直
　　　　　後は 1 行スペースを空けること
　　　第2項：（MS ゴシック、12 ポイント）
　　　　　：
　第2章：（MS ゴシック、太字、14 ポイント）
　　第1節：（MS ゴシック、12 ポイント）
　　　第1項：（MS ゴシック、12 ポイント）
　　　　　：
　結論（or おわりに）：（MS ゴシック、太字、14 ポイント）
　参考文献：（MS ゴシック、太字、14 ポイント）

　※リサーチペーパーの最後には、引用した学術雑誌・書籍を列挙します。書籍の場合は著者名・発表年・書籍名・出版社名を、学術雑誌の場合は著者名・発表年・論文タイトル・雑誌名（学会名等）・巻・ページを記します。なお、参考文献の記述形式・順序は分野によって異なる場合がありますので、指導教員に予め確認してください。

付録：（MS ゴシック、太字、14 ポイント）
　※付録とは、リサーチペーパー本編に収める必要はないものの、その理解を促進するために追加する実用的な情報です。研究分野によっては必要ありません。決して分量を調整するために利用しないようにしましょう。」

(3)　リサーチペーパー執筆の留意点

　リサーチペーパーについては、これまで必ずしも明確な基準がなく、各大学・大学院の運用に任されてきたが、次第に上記のような共通の理解が形成されつつある。したがって、特に、専門大学院の学生は、リサーチペーパーを書くに当たって、修士論文の場合と異なり、「特定の課題に対する自分なりの十分な研究・調査」であることを念頭に置いて執筆を進めてほしい。

　ただし、修士論文と研究ないし執筆の方法が異なるといっても、文章の書き方、レトリックの方法、参考文献の引用方法、研究倫理などについては、博士論文・修士論文の場合とまったく同じであり、異なるところはない。これらについては、既に本書の各所で解説している。

Ⅱ　テーマの決定から「仮説」の設定と論証へ ——学術論文の神髄

1　「テーマ」の決定のプロセス

　ここで「テーマ」とは、「自分が目下研究しようとしているテーマ」をいい、自分が関心をもっている特定の領域における主題（題材）であって、それをより絞った「題目（タイトル）」ではなく、また後掲する「仮説」とは異なる。この点は、特に注意を要する。

(1)　"どの領域のどのようなことに関心を持っているか"

　そこで、「論文」であるから、まず、研究して論じようとする「テーマ」を確定し、決定しなければならない。研究者にとって、「テーマの決定」は重要な作業であり、ここから、研究論文の作成が始まるのである。

　研究"題材（テーマ）"をどのようにして探すかは、第1次的には、"自分の関心"が中心となる。大学院に入ったからには（あるいは、論文を書こうという意欲があるからには）、"どの領域のどのようなことに関心をもっているか"は、自分でも漠然とはわかっていよう。その意味で、自分が抱いてきた学問的探求心を大切にし、関心をもっている領域や事柄について、より客観的にかつ冷静に判断し、自分の研究条件に照らし合わせて、1つのテーマに絞ることである。

　自分の研究条件とは、自分にとっての研究期間（例えば、研究大学院と専門職大学院とでは、研究期間の最短が異なる）や資料を収集

できる環境、置かれている立場などで、各人によって異なろう。社会人入学者などは、環境的にもかなりの制約を受けるであろうが、反対に、職務に関連した領域であれば、テーマの選定は容易であろう。

　ここでは、第1ステップの学位論文であり、また多くの場合に"博士論文につながる"という意味で特に重要な、修士課程における「修士論文」について触れておこう。

　修士課程の研究期間は標準が2年であるが、一般に、2年次の4月に「修士論文計画書」を提出させるから、その時点では、研究の目標となる「仮説」を具体的に決定していなければならい。そうすると、仮説の発見にはそれなりの研究を必要とするから、逆算しても、1年次の9月頃（入学してから6か月くらい）までには、研究テーマを決定しておきたい。

(2)　指導教授と相談する

　しかし、自分の関心からといっても、特定のテーマに絞ることは、そんなに簡単なことではない。自分が研究しようとしているテーマについて、学問的に価値があるのか、複数のテーマに関心があるがどれにしたらよいか、博士論文に直結できる発展性があるかなど、不安な点も多くある。そこで、第2次的には、指導教授と相談して決定することになる。各大学院には、指導教授による「論文指導」（研究指導）が必須科目として設置されてあるはずだから、ぜひとも、指導教授に相談し、みずから率直な意見を述べて、きちんとした指導を受けてほしい。指導教授の「指導」は、教授の義務でもあるのだから。

　私は、学生に、自分が研究したいテーマを複数（4つでも5つで

も）挙げさせ、そのテーマについて、どのようなことから興味を持っているかをペーパーに箇条書き的に記載させて、まず、それぞれを説明させる。その上で、Aのテーマは過去の論点としては重要であったが現在の社会ではその重要性は失われているとか、Bのテーマは現実的には重要だが資料の収集等で困難性はないか（外国で収集する必要があるとか、金融逼迫者ないしはサラ金・ヤミ金業者の実態を知る必要があるなど）の諸問題を率直に話して、最終的に学生に判断させるようにしている。また、必要があれば、授業で報告させている。

　しかし、どうしても学生が自主的に決定できない場合もあろう。そのような場合、私も、特定のテーマを学生に指示したことが何回かあった。その結果、大変良い研究論文となった。しかし、このようなことは稀であるから、基本的には、テーマは学生がみずから決定しなければならない事柄であることを肝に銘じる必要がある。

(3)　着眼点の独創性を大切にする

　ところで、修士論文のテーマの選定は、博士学位論文と違って、自分が率直にまたは単純に、「これはおかしい」と思うことが出発点になると思う。これは、篠塚昭次早稲田大学名誉教授が、当時の修士課程の授業で言われたことで、その例として、次のことを挙げられた。民法709条の不法行為の規定は、「故意又ハ過失ニ因リテ他人ノ権利ヲ侵害シタル者ハ之ニ因リテ生シタル損害ヲ賠償スル責ニ任ス」（現代語化以前の条文）になっているが、その「権利侵害」につき、学説は「違法性」概念を持ち出している。しかし、「違法性」の用語は条文にないばかりか、「権利侵害」概念とどのような関係になるのかはっきりしない。このような"疑問点を論じる"だ

けで、修士論文としては十分であるとの趣旨であったように思う。

この問題は、もちろん不法行為理論に関して大問題を引き起こした論点でもあるが、しかし、そのような大問題ではなくても、"研究の出発点"としては、単純に「疑問に思うこと」でよいというのである。このことは、「独創性」の大切さをいっているのである。この独創性を前提として、修士論文では、その疑問点について、① 先達の論文をくまなく渉猟し（関係する文献を網羅すること）、② どれだけ深められるか（疑問点に対して十分な思惟を働かせること）、が重要なのである。

(4) 構想のよくない論文

では、逆に、構想のよくない論文とはどのようなものか。このようなことも、併せて考えておいた方がよい。

（a）「視点」の欠如

第1は、「視点」の問題である。上記で"着眼点の独創性"を大切にするといったが、なかなか「着眼点」が見つからず、結果的に「視点」が曖昧なままのものがある。特に、修士論文で見られるが、1つのテーマについて研究を続けてきたものの、後で述べる「仮説」に至ることができず、したがって、"何となくそのテーマについて論じている" ものである。自分が主張しようとしている視点が定まっていないのである。

また、制度の概略を述べているもの、判例・学説を検討したにすぎないもの、外国法の紹介にすぎないもの、なども研究論文とはいえない。

（b）「創造性」の欠如

第2は、最初に述べた、"ポジティブな"創造性が見られないも

のである。既述したことであるが（第1部 **I** **1** (2)(b)(3頁) 参照）、近時、研究をしてきた結果、どうしても創造的なものを発見できず、学説の批判に終わってしまったがそれでもよいか、との質問を受けた。この問題は、上記 (a) に共通する事柄であって、そもそも自分が主張したい「仮説」が立っていないからそのような結果になるのである。「仮説」は、ある意味では「結論」でもあるから、当然ながら創造性を内包していることになる。

(c) 「基礎資料」の問題

第3は、着眼点・視点は良くても、「取り扱う資料」がお粗末なものである。そのテーマであれば、本来、当然に一定の資料が必要なところ、審査員の期待に反してまったく取り上げていないか、取り上げてあっても、期待はずれの場合である。例えば、「建築請負に関する実務的検討」というのに、その"実務"をまったく検証していないもの（他の文献の言いなり）や、"博士"学位論文だというのに、外国の交通関係を紹介するに当たり、引用文献が1つや2つで後はそれからの孫引きといったもの、などもこれに該当しよう。要するに、"手抜き"なのである。

2 「仮説」の発見と確信──テーマから仮説の結晶へ

(1) 「仮説」とは何か

「仮説」とは、もともとは、hypothesis の訳語である。「仮」という日本語には、"本当でない、間に合わせ、借り物、うわべだけ"などの意味もあるので紛らわしいが、しかし、「仮説」の「仮」は、そのような意味では決してなく、"暫定的な"という意味である。

一般に、科学としての学問（自然科学・社会科学）において、個

人的見解としての「主張」が「真理」と評価されるためには、その証明ないし検証が必要である。この検証によって、事象や現象に対する見解が"正しい"と承認されるのである。そこで、まだ検証されていない個人的見解は、正当性をもたず、「仮に」（暫定的に）考えられている説にすぎないことになる。これが「仮説」である。

　ただし、「仮説」というのは、研究者の単なるテンポラリー的な発想や思いつきではなくて、<u>一通りの研究成果をふまえ、自分独自の説として、確信を持って世に発表できる考え</u>である。したがって、ある程度研究が進んでいなければならない。次に述べるように、修士論文では 1 年くらい、博士論文でもそれ以上はかかるのである。

(2)　仮説を確信する！

　修士課程の学生は、2 年次の 4 月に「修士論文計画書」の提出があり、7 月には、「修士論文報告・審査会」で報告し、修士論文提出についての承認を得なければならない。そうすると、2 年次の 4 月には、研究テーマは、かなりの具体性をもって、自分の見解となっているはずである。この時点での研究テーマが「仮説」なのである。

　「仮説」は、"テーマ"（題材）と混同して理解されていることがある。しかし、両者はまったく別物である。「仮説」は、論証しようとする自分独自の見解であり、一定の"テーマ"についてある程度勉強をしてきたことの中から、発見するものである。そして、一定の事柄を「仮説」として確信するには、それなりの時間と研究量を必要としよう。修士論文では 1 年くらいかかるし、博士論文でも、最初から始めるとなると 2 年はかかるであろう。要するに、こ

れまで検討してきたテーマないし事柄を「仮説」として確信できる
かどうかが、それまでの研究プロセスだったのである。「仮説」は、
学位論文に限らず、学術論文一般に要求される最も重要な論文の基
本要素である。この仮説の意味と論証プロセスについては、次の
3 で詳論しよう。

3 《仮説の論証》プロセス

(1) 仮説の論証の方法

さて、では、「仮説」が決定したとして、これをどのようにして
検証し、論証するか。自然科学では、実験・臨床や統計などのデー
タを使うことが一般的であろう。社会科学でも、政治学、経済学、
社会学などではそのような方法やフィールド・ワークも大いに採り
入れられている。

法律学では、分野によって異なるが、論理的検証を中心として、
判例理論との関係、歴史的・制度的連関性、比較法的考察、ヒアリ
ングなどの実態調査、統計やアンケートなどの方法によって論証す
るのが一般である。このような方法による《論証》が、《仮説の論
証》プロセスである。そして、極論すれば、「論文」の価値は、こ
の《仮説の論証》で決まるといっても、過言ではないのである。

(2) 拙著の場合

このようなことを抽象的に述べても、あまりイメージが湧かない
であろうから、1つの例として、私の例を出しておこう。私の博士
学位論文の"テーマ"は「譲渡担保」であり、それまで研究してき
た論文の中から8本の機関誌等の公表論文を取り上げ、さらに1本

の学会報告（日本私法学会報告）論文および書き下ろし原稿を基礎
として、『担保制度の研究──権利移転型担保研究序説──』（1990
年刊）として公刊した。いうまでもないが、それまでの個別的な各
公表論文も、ミクロ的にはそれぞれ、「仮説」を立てて「論証」す
るという構造になっている。内容は、次のとおりである。

第1章　譲渡担保の基本問題〔1〕
　　Ⅰ　「売渡担保」と「譲渡担保」の観念的区別について
　　Ⅱ　権利移転型担保における目的物の占有関係
　　Ⅲ　不動産の譲渡担保について
第2章　わが国における譲渡担保の発展
　第1節　譲渡担保の成立過程─日本担保法史における譲渡担
　　　　保の位置づけ─〔2〕
　　Ⅰ　民法典制定以前の担保制度
　　Ⅱ　地券預入れ担保の存在意義
　　Ⅲ　民法典の構成する担保制度
　　Ⅳ　判例による流担保と「売渡抵当」の承認
　第2節　譲渡担保理論史
　　Ⅰ　譲渡担保の生成と法的承認の理論
　　Ⅱ　法的構成論
第3章　ドイツにおける譲渡担保の発展
　第1節　権利移転型担保の歴史的展開〔3─1〕
　　Ⅰ　bedingte Übereignung の消滅とゲルマン担保法に
　　　　おける流担保の禁止法理
　　Ⅱ　権利移転型担保としての Wiederkauf
　第2節　譲渡担保理論の生成〔3─2〕
　　Ⅰ　普通法時代における判例による承認と「買戻」行為
　　Ⅱ　ドイツ民法典（BGB）の対応
　　Ⅲ　ドイツ民法典施行後の判例理論の展開
　第3節　譲渡担保の担った問題状況─民事立法学的研究─

　その中の1〜2本の論文例を挙げると、最初に公表した機関誌論文〔1〕では、ドイツでは譲渡担保が動産抵当として機能しているのに対し、わが国の譲渡担保はほとんどが不動産であるが、そのことを無視して、通説は、わが国の譲渡担保につきドイツ法理論（動産理論）を当てはめて理論構築したことにより理論的な矛盾（不動産譲渡担保の存在を説明できない！）が生じ、その矛盾を競売制度の不備のためだとした。しかし、本当にそうなのか？　そこで、日本の担保の歴史を封建時代にまで遡って研究してみると〔2〕、不動産の譲渡担保の利用は、"買戻付売買→流質"という"高利貸的利用"と軌を一にしており、これが日本の譲渡担保の実態ではないかという確信を強く持ったのである。それゆえ、「不動産譲渡担保は買戻しを基礎とする暴利性をむさぼる制度だ」という「仮説」を立て、これを論証しようとした。

　また、ドイツの権利移転型担保に関する論文では、日本の学説がドイツでは不動産譲渡担保は存在しないといってきたが、ドイツの条件付所有権譲渡や買戻し制度などの存在を考えると、はたしてそうかという疑問が湧いた。そこでドイツの担保制度を古い時代にまで遡って考察すると〔3—1〕・〔3—2〕、権利移転型担保（所有権担

保）が厳然と存在し、それが、現代でも、不動産買戻権・条件付譲渡という形態で機能している事実がわかった。それゆえ、それを譲渡担保と称するかどうかは別としても、「ドイツでも不動産譲渡担保と同様の権利移転型担保が存在している」ということを「仮説」とし、それをドイツの担保制度の歴史と不動産譲渡法および登記制度から論証しようとした。

　そして、これら各論文を再検討して統一し、「学位請求論文」とした（修士課程入学以来、18年後のことである）。個別論文が基礎となっている各章・各節もそれぞれ《仮説—論証》という構成を取っているが、学位論文である以上は、各論文を総合して統一的なテーマを設定する必要がある。そこで、「譲渡担保－権利移転型担保」研究というテーマの下で、全体としての「仮説」を、それまでの研究から得られた成果である「通説は譲渡担保と買戻しは別個の制度だとしてきたが、不動産譲渡担保の生成過程を検証すると、譲渡担保は買戻制度そのものであり、買戻しを担保制度として再構築したに過ぎないのだ」ということに置き（これは、当時の通説に対する強烈なアンチテーゼである）、その仮説を、特に譲渡担保の歴史的発展過程および比較法的検討を踏まえて、<u>収録した全論文が「論証」</u>するという構成をとった。

　「論証」の方法については、通説の論理的矛盾を批判し、歴史的に実証し、比較法的に考察し、判例の事例から譲渡担保の実態を実証するという手法を使ったが、実をいえば、そう簡単なものではなかった。例えば、譲渡担保の存在形態の実証については、当時の経済団体や一部の学者によるアンケートの集計などもあったがあまり当てにはならないので（というのは、アンケートや統計は、何を前提としてまたは目的として問うかによって、正反対の答えが出るからであ

る。要するに、アンケートは、問い方によって結論の操作ができるのである）、紛争として裁判所に持ち込まれたすべての事件から実態を観察することが適切であると考え（末弘厳太郎博士の指摘を俟つまでもなく、これが譲渡担保の"現実の姿"であるから）、大審院の『民事判決録』・『民事判例集』の全巻から最高裁『民事判例集』の執筆当時の最後の巻まで、1ページずつめくり、譲渡担保・買戻し・再売買予約に関する判例をすべて収集してコピーし、分析した（これには、実に、膨大な時間を要した）。

ドイツ・ライヒ裁判所の判例についても、早稲田大学図書館にあるライヒ裁判所判例集 RGZ（Entscheidungen des Reichsgerichts in Civilsachen）をくまなく当たった（この結果、譲渡担保に関する日本およびドイツの判例については、ほとんど漏れがないと思う）。

また、歴史的実証として、徳川時代の公事方御定書の担保条項の分析が大いに役立ったが、反面、これらの歴史的事実が法制史学者や民法学者によっていかにいい加減に解釈されているかも判明した。

私の研究領域は、担保制度という経済と法律にまたがる特殊な分野であるせいか（なお、拙著修士論文については、後掲 Ⅳ 2 (1)（47頁））、このような、"変則"担保の実態の解明、歴史的・経済学的検証、比較法的検討などの論証によったのである。

(3) 「仮説」→「論証」プロセス（学術論文の神髄！）

以上のように、<u>「仮説」とは、一通りの研究が済んで得られた成果であり、かつ確信を持って主張できる事柄（個人的見解）である</u>。そして、その個人的見解である「仮説」を、適切な方法で公に論証し、学界に公認してもらおうとするのが、学術論文を執筆する目的

である。学術論文の神髄はこれに在る。学位論文は、その最たるものである。

Ⅲ 論理の展開と文章による説得 ——仮説論証の技術

1 〈起・承・転・結〉という論理構成は？

(1) 「起・承・転・結」とは何か？

私たちは、小学校以来、文章を書く技術として、"起・承・転・結"ということを教えられてきた。これは、漢詩の絶句作法というものであって、① まず、話の筋として、ある事柄を起こし（起句）、② 次に、その事柄について属性などを説明し（承句）、③ 今度は、話の筋を、関係のない事柄に転じ（転句）、④ 最後に、起句で立てた事柄に関して、転句を踏まえて結ぶ、という句法である。

岡島昭浩大阪大学教授によると、「起・承・転・結」の例はいくつかあるが、よく知られている「糸屋の娘は眼で殺す」の例は、頼山陽が門弟に説明したものだそうである。もっとも、下記「大阪本町糸屋の娘」については、「京都三条糸屋の娘」（梁川星巌？）と言われることもあるそうである（2005 年 10 月 17 日の web 記載だが、現在はクローズされているようである）。

> 大阪本町糸屋の娘
> 姉は十六妹は十四
> 諸国大名は弓矢で殺す
> 糸屋の娘は眼で殺す

① 最初に、「糸屋の娘」で筆を起こし（起句）、② しかもその娘

は姉妹であるとして起句を承け（承句）、③　今度は、糸屋の娘とは何の関係もない諸国大名を出し（転句）、④　最後に、起句で起こした「糸屋の娘は」を再度出し、転句で引き出した事柄をふまえて（関係づけて）、「眼で殺す」という特徴で結ぶ（結句）。

　確かに、絶妙であり、"巧い"表現ではあろう。なお、この絶句は、おそらく、実際の糸屋の娘２人について説明したのではなく、"美女が色目を使って男を悩殺する一般的な様"を表現したものであろう。

(2)　ジャーナリズムの文章表現

　ジャーナリズムでは、大衆に対する効果的なアピールとして、一般に、「起・承・転・結」を践んだ文章が使われている。次の例もその一つであるが、ただ、問題がなくはない。

> 【「起・承・転・結」か？】
> 「〔タイトル〕　インドの４歳女児、レイプ被害で死亡　35歳男が自供
> 〔第一段落〕　ニューデリー（CNN）インド中西部マハラシュトラ州ナグプールの警察当局などは１日、４歳女児がレイプされ、搬送先の病院で心臓麻痺（まひ）で死亡したと発表した。
> 〔第二段落〕　35歳の男が性的暴行の罪などで逮捕された。犯行を自供したという。動機は伝えられていない。
> 〔第三段落〕　インドでは昨年末、首都ニューデリーの公共バスの中で女子学生（当時23）が集団強姦（ごうかん）さ

れ、シンガポールの病院で死亡する事件も発生していた。この事件後も、女性のレイプや未遂事件が各地で表面化し、抗議運動を拡大させていた。
〔第四段落〕　ナグプールの警察当局によると、4歳女児は4月17日に同州ガンサウール町で拉致されたとみられ、家族が翌日、意識を失い頭部に重傷を被った女児を発見。同町の病院に運ばれ、人工呼吸装置などによる治療が続けられたが亡くなった。
〔第五段落〕　インドの首都ニューデリーでは先週、5歳女児に対するレイプ事件も発生、容疑者2人が捕まっていた。
〔第六段落〕　同国内では昨年末の首都の集団強姦事件後も、女性のレイプや未遂事件が続出し、抗議運動を拡大させていた。アジアの人権団体は最近、インドでの児童が狙われたレイプ事件に関する報告書を公表し、2001〜11年の間の発生件数は4万8338件と指摘。01年の2,113件が11年には7,112件に激増したと報告した。」（CNN.co.jp 2013年5月2日。〔　〕内は注記は筆者）。

　上記はニュース記事であり、そのタイトルは、「インドの4歳女児、レイプ被害で死亡　35歳男が自供」である。これを上から順を追って読むと、〔第一段落〕は「起句」、〔第二段落〕は「承句」となり、〔第三段落〕は、〔第一段落〕・〔第二段落〕と無関係の事柄を述べているから、一応、「転句」となろう。そして、〔第四段落〕は、〔第一段落〕・〔第二段落〕（主題）の結末を述べているから、「結句」となる。

　ここまでなら、〔第三段落〕は、主題とは無関係の事柄でありながら、主題の主張を有効に補強し、インプレッションを強める効果を醸し出しているから、効果的な「転句」といえる。したがって、ここまでは、ジャーナリズム一般で見られる〈起・承・転・結〉の形式をとっていよう。

　ところが、〔第五段落〕、〔第六段落〕は、主題とはまったく無関係の事象を羅列している。結局において、各段落の主張はバラバラであり、単に、インドでのレイプ事件を取り上げているにすぎず、〈起・承・転・結〉の形式をとって「主題」を効果的に述べているようなものではない。もちろん、時事問題を扱った報道記事であるから、そのような形式を要求すること自体、無理なことであるが。

　しかし、そうであるなら、「インドの 4 歳女児、レイプ被害で死亡　35 歳男が自供」という標題なのであるから、〔第一段落〕→〔第二段落〕→〔第四段落〕の順でその内容を述べ、その次に、主題に類する一般的な事柄として〔第三段落〕→〔第五段落〕→〔第六段落〕と続けた方が、全体的な印象としても良いであろう。

　一般に、ジャーナリストが使う文章は、まず、表現を工夫した「タイトル」で大衆を惹きつけ、次に、当該事件について概要を述べ、その後、転じて（本件から離れて）、同様の事件が起こっていることに触れ（さらに、過去の類事件や専門家の意見を載せ）、最後に、本事件の結びとして、このような事件が現在社会問題として生じているのだ、という表現スタイルをとっているのが普通である。特に、「転句」を使うことから、社会に対するアピールとして効果的な表現になっていよう。

(3) 学術的論理の展開には不向き！

では、上記の「起・承・転・結」が学術的論理の展開として使えるか？ 答えは、"ノー！"である。漢詩絶句は、レトリック（修辞法）の一種で、聞き手（読み手）の"感性（sensibility）"に訴える最も効果的な修辞である。だが、学術的論理は、感性というよりも、"理性"に訴えるものであるから、手法の効果は同じではない。

この四句絶句は、学術的論理の展開という視点から見た場合には、いくつかの問題点がある。まず、転句は、承句とはまったく関係がないから、学術的論理には不必要である。また、「糸屋の娘」に特有な例かも知れないが、結句では、起句の中心となっている「糸屋の娘」の性格やら属性やらをいっているのではなく、美女一般をいっている（と思われる）から、「仮説」（起句）の論証という論理展開とは無縁となろう。結句はまた、転句によって導かれた"奇をてらった"効果を醸し出しているが、学術論文の「結語」部分は、突飛なことをいうのではなくて、論証による「仮説の正当性」を述べれば足りるのだから、絶句の結句と同視はできない。

2 学術論文に必要な論理構成

学術論文は、既述したように、一定の研究の成果として得た「仮説」を、確信を持って世に発表する文章である。研究者個人の文章であるから特に表現などに決まりはないが、ただ、論理的展開と文章表現については、一定の方法があることも事実である。そこで、ここでは、まず、仮説の論証としての論理的展開の方法を述べよう（文章表現の技術については、後掲 **第2部**「文章の書き方」（59頁）で扱う）。

学術論文の論理的展開は、以下の3点が骨子となる。

〔Ⅰ〕 「仮説」の設定

「仮説」とは、一通りの研究によって得られた暫定的な個人的見解である。したがって、仮説は、内容的に「結論」と同じである。そして、この「仮説」が正当であることを、確信をもって、世間・学界に向けて論証し、証明しようとすることが、学術論文の発表であるから、「仮説」が形成されるためには、ある程度研究が進んでいなければならない（前掲 **Ⅱ** 2 (1)（24頁）参照）。

この部分は、論文でいえば、「序論」に当たる。それゆえ、ここでは、どのような問題意識の下に、どのような「仮説」を抱くに至ったかをまず述べなければならない。その際、解釈論的論文では、従来の学説や判例はどのように考えてきたのか、その到達点をはっきりさせ、制度論を扱う論文では、従来の考え方ないしアプローチと自分のそれとの違いを明確にしておかなければならない。

ところで、上記で、「仮説」を確信するためには一通り研究が済んでいなければならないと言ったが、最近では、大学院生が発表する機関誌論文について、この原則に反するような連載物も多い。しかし、すべて執筆が完了している論文を分割して掲載するならともかく、出来た部分から順次発表するという"出来形"発表[1]は、大学院生の段階ではやってはいけない。仮説とその論証過程が明確に定まっていないからである。執筆しているときには、自分の考え方や論理の展開方法について、新たな発見があることが常である。そのような場合には、論証の方法を変えたり、あるいは大幅に軌道

---

[1] 日本の"売れ出した"小説家が新聞の夕刊などに連載するのがその典型であるが、フランツ・カフカなどは、1つの小説を書くのに2年も緻密に構想を練っていたのであるから、大きな違いがあろう。

修正をする必要がある。私の経験でも、執筆中に論証の変更もしくは軌道修正をしない論文はなかったといってよい。しかし、連載物では、既に公表した部分を修正することは不可能であるから、大学院生の"命"ともいうべき論文が台無しになることもある。このようなことから、早稲田大学法学研究科では、大学院生が文字数制限から論文を連載しなければならない場合には、全体が完成していなければ、その申請を受け付けないことにしている（完成した論文を分割掲載することは可能）。

〔Ⅱ〕　仮説の「論証」

では、次に、「仮説」を、どのようにして論証するか？この部分が最も重要な箇所であり、論文の価値を左右するところでもある。"どのようにして"（方法）というのは、論文の扱うテーマによるから、一概にはいえないが、先に述べたように、論理的な検証、判例や学説理論との関係、法社会学的検証、比較法的考察など、そのテーマに合ったあらゆる方法を検討し、それらを駆使することである（前掲 Ⅱ ③ (1)（26 頁）参照）。

さて、この「論理の展開」（論証プロセス）部分は、「起・承・転・結」からすると、あえていえば「承句」および「転句」の部分に当たろうが、そのような意識は不要である。

重要なことは、「仮説」で立てている「自分独自の見解」について、例えば、論理的にはこのようになるとか、法社会学的な分析からしても仮説は正しいとか、外国法との比較でも仮説は妥当であるなど、<u>各論証部分のそれぞれについて、仮説との関係をきちんと押さえ、仮説の正当性・妥当性を導き出す</u>ことである。これが、「仮説の論証」である。

〔Ⅲ〕 「帰結」（独自の見解であることを示す）

　「帰結」は、論文では「結論」部分であるが、これは、「起・承・転・結」でいう「結句」ではない。結句は、先の例のように、何らかの“新しいこと”を引き出しているのである。しかし、学術論文の「帰結（結論）」は、「仮説」自体が自分の研究成果（独自の見解）なのであるから、最初に立てた「仮説」と同じことになる。したがって、この部分では、一定の目的から「仮説」を立て、それを本文で示した論証プロセスによって論証したこと、その結果、仮説には学問的な正当性があることを論じればよい。

　この部分は、文章的にも、「序論」の叙述と重なることがあるが、別におかしくはない。逆に、「序論」で述べているからといって、はしょることは禁物である。くどくど論じる必要もないが、論文の審査員は、結論部分にかなり注目を払っているから、丁寧に説明したほうがよい。

3　文章による説得

　学術論文は、文章によって表現するものであるが、その目的は、専門領域を同じくする研究者に対して、新たな知見として仮説（自説）を立て、それをいわば公的に承認させる道具である。したがって、当該論文の内容や自説の理論的展開が、<u>一読して明瞭</u>となるものでなければならない。要するに、「文章による説得」である。文章による説得が功を奏するためには、特に以下の点に留意する必要がある（なお、具体的な「文章の書き方」については、後掲 第2部 で詳論する）。

(1) "簡潔・明瞭でわかりやすい"文章を！

　学術論文は、仮説（自説）を文章によって表現し、読み手を説得するものであるから、別に、美文である必要もなければ、凝った文章である必要もない[2]。必要なことは、「簡潔・明瞭でわかりやすい」こと、すなわち、<u>文章で表現されている内容と論理構成が"一読して明白"</u>、なことである。「一読して明白」とは、次の2点に尽きる。

(a) 「文」として正確

　第1は、<u>「文」として正確</u>でなければならないことである。"文として正確"とは、文法的に正確であること、すなわち、主語、述語、目的語、修飾語、接続語などが、文法どおりに践まれていることである。

(b) 文による「表現」が明確

　第2は、文による<u>「表現」が明確</u>でなければならないことである。意味上二義とも取れるような表現や、1文が1〜2頁も続く判決文（特に大審院判決）など、何を言っているのかわからないような文章は、避けなければならない[3]。科学系（自然科学・社会科学）論文は、《仮説の論証》という宿命を負っている以上、<u>仮説や論証の展開に文章表現に起因する疑義や誤解があってはならない</u>からである。

　以上のことから、科学系論文では、"内容の明白さと文構造の簡明性"が要求され、"簡潔でわかりやすい"文章を書くことが必要

　2）法学者の中では、福島正夫博士が、凝った文章の書き手として知られている。その表現は、文学的でさえあろう。
　3）ちなみに、岩淵悦太郎編著『第三版　悪文』（1979・日本評論社）75頁によれば、判決文は「悪文のチャンピオン」だそうである。この点は、後掲　**第2部**　で触れよう。

となってくるのである。

　ただし、「文章による表現」に関してついでに言うと、以上のことは科学系論文についていえることであって、人文系文章については、当てはまらない。こと“文・ことば”によって感情や風情を表現しようとする小説・散文などの“人文系”文章では、その時代の“口語”（社会文化としての言い回し）と一体とならなければならないから、執筆者固有の表現や言い回しがあり、逆に、そのことに大きな創造的価値が認められるのである[4]。このことと、科学系論文では、「文」に与えられた意味が違う。学術論文では、そのような表現的価値とは無縁であると考えなければならない。

　では、“簡潔・明白な”文章を作成するためには、具体的にはどうするか？——これが、多くの人の関心事であろう。この文章表現の技術については、後掲「 第2部 『文章の書き方』」で詳論する。

(2)　客観的な文章表現を！

　次に、学術論文は、論理の正当性を客観的に表現するものであるから、その文章による表現も客観的でなければならない。

　ところが、近時、学術論文の中で、他の著作等を評して、「優れている」、「高く評価される」、「立派である」などの主観的・感情的な形容句や修飾語が見られることがある。学術論文は、一定の論拠の下に一定の結論が提示されるものであるから、その論証と結論に創造性があれば、学問的価値があるものとして評価され、後学の学者は、“敬意をもって”必ず引用しなければならない。この際、重要なのは、その被引用論文にこのような創造的価値がある事実を客

4）　丹羽文雄『小説作法』（1965・角川書店）117〜129頁参照。

観的に摘示すればいいだけであって、主観的な評価は無用である。

　客観性のみが重視される学術的場面において、上記のような主観的・感情的な文章表現は、ともすると、"上の先生に対するお世辞"または"仲間同士のほめ合い"ととられかねない（事実、そのような表現にはその要素が濃いのであるが）。そして、読む人をうんざりさせるばかりか、当該論文の学問的価値を半減させるものでもある。

　論文の中ではこのような主観的な形容句や修飾語を使ってはいけないということを、私たちは指導教授から教えられてきたものであるが、最近では、そのような指導もないのであろうか。いずれにせよ、学術論文では、形容句や修飾語は、できるだけ使わないこと念頭に置かなければならない。

　なお、このことは、学術論文での引用（自説の根拠とする）に際しての問題であって、当該論文に対する書評や、学位論文の審査報告書で使われる場合にはいっこうに差し支えない。それらは、別の目的をもった当該論文に対する評価であり、論文それ自体ではないからである。

　上記のことは、客観性を旨とした学術論文の中での文章表現としては適切ではない、ということである。

4 タイトルの付け方

　学術論文のタイトル（題目）は、<u>研究内容を適切に表現する簡潔なもの</u>が望ましい。内容をタイトルで表現しようとするあまり、2行にわたるようなものも見受けられるが、事実、趣味の問題としかいいようがない。私は、タイトルは、短くてインプレッションを与

えるものの方が良いと思っている。

　また、前記したことであるが（Ⅰ [1] (2) (b) (3頁)）、こと修士論文や博士論文などでは、「〜に関する総合的考察」や「〜に関する一考察」などのタイトルは、不適切である。学術論文は、1つの仮説を立ててそれを論証するという特化した使命を持っているものであり、決して、総合的に漠然と論ずるのでもなければ、単なる一斑の考察でもないからである。したがって、タイトルは、ある程度研究内容を表現していなければならない。

　他方、メイン・タイトルの他に、サブ・タイトルが付される場合がある。「——〜に関する比較研究——」とか「——〜に関する実証を通して——」などであるが、これは、簡潔なメイン・タイトルでは言い表せないものをある程度きちんと説明するためのもので、大いに結構である。読み手にとっても、予め研究内容や研究方法を頭に描くことができるからである。ただし、上記の「〜総合的考察」や「〜一考察」をメイン・タイトルにして、そのようなサブ・タイトルを付けるなら、無意味である。それよりも、メイン・タイトルの曖昧さを避けるべきであろう。

Ⅳ　「研究計画」と資料収集・データ管理

1　「研究計画」の立て方

(1)　研究には「時間的制約」がある！

　研究 "テーマ" が決定した後、「研究計画」を立てなければならない。この研究計画は、主に、時間的計画を念頭に置くものであるが、修士論文・博士論文だけでなく、ゼミ論文・卒業論文にしても、また雑誌社からの頼まれ原稿にしても、"時間的制約" があることは同じである。ほとんどの論文は、一定の時間的制限の中で、満足のいくものを完成させなければならないのである。時間は無限にあるわけではないから、ある意味では "時間との闘い" なのである。すなわち、研究計画の要諦は、時間に対するマネジメントである。

　かつて、篠塚昭次名誉教授は、大学院の授業で、「研究には時間的制限がある」ということを特に注意された。このことは、「一定の時間的制限の中で書き上げるのが論文」だという趣旨であって、学者への登竜門がきわめて狭かった当時であるから、他の学生との競争であることも示唆していたように思う。ともあれ、私は、教授の「研究には時間的制約がある」ということを肝に銘じていたし、現在でも、学生に対する指導として、このことを強調している。

　就職状況も論文発表の機会も、大学院生にとっては、現在の方がはるかに恵まれているから、"時間的制約の中で執筆しなければならない" という意識は低くなっている（当時は、大学院生が論文を発表できる機会は年1回くらいであったが、現在では、3〜4回はあろうか

ら、"次回に提出できなければその次がある"という甘い意識がある)。しかし、時間的制約の中で書かなければならない研究論文が第三者による何らかの評価の対象となることは事実であり、また、ある意味では自分の運命を決定づけるものであるかもしれない。そう考えれば、そんなに悠長に考えていることはできず、「時間」という枠内でいかに完成度の高い論文を作成するかということの重要性を知る必要がある。

　思えば、学者を志す人間の能力はほとんど同じであり、誰もが注目を浴びるような論文の1本や2本は書いている。ただ、論文執筆が年月を経ても持続するかどうかは、人によろう。そのことは、どうやら、時間の使い方にあるのかも知れない。

(2)　大学院制度における制約

　古く、庶民の学的レベルが低く、知識・賢者が尊ばれた時代においては、「学問」をするのに年齢的制限はなく、"学問をすること"それ自体が尊いものとされてきたことがあった。しかし、市民の教育知識レベルが高くなり、学歴が一定の社会的作用(就職の条件など)をもつようになると、学問の意義が一変した。学問も単に人生の通過点にすぎず、学問の府としての大学院も、修了者の"就職"を離れて存立し得なくなったのである。ちなみに、採用側(大学・企業・官庁など)から見れば、"既に存在している人事体系"(その多くは、"年功序列による人事体系")の下で、高齢の学位取得者を"新入教員ないし社員"として、現にいる若い人材の下に採用することは、「人事政策」からしても、なかなか肯認できないのが現実である。

　また、わが国の文部省・文部科学省の大学院教育政策等にかんが

みると、現在の大学院制度の下では、学問が好きだからといって、悠長に研究生活をエンジョイしていることはできない。できるだけ早期に学位を取らせ、就職させるというのが教育政策の基本的姿勢だからである。

さて、このような現実は別として、大学院においては、修士課程・博士課程の論文の提出時期については、一定の制約がある。

（a）　修士論文の提出に関して

修士課程の標準修業年限は、2年である（大学院設置基準3条2項、各学大学院学則。ただし、「優れた業績を上げた者」については1年）。在学期間は、4年まで延長することができる。そうすると、標準では、修士課程1年次の終わり頃までにテーマ・仮説を決定し、2年次の年内までに論文を作成することになる。しかし、修士課程では、30単位前後の科目を履修しなければならないから、論文執筆だけに集中するわけにはいかない。そこで、時間との関係から、綿密な「研究計画」が必要となる。

（b）　課程博士論文の提出に関して

博士後期課程の標準修業年限は、3年である（大学院設置基準4条3項、各大学院学則。ただし、「優れた研究業績を上げた者」については1年）。在学期間は、6年まで延長することができる。そして、「課程による博士」論文は、「退学した日から起算して3年以内に限り」提出することができるから（各大学院学則）、最長、「博士後期課程入学から9年間」内に論文を完成して学位を請求できることになる。

この期間内に申請しない者は、次掲の「課程によらない博士学位」（論文博士）の請求となり、審査手続が異なるから、注意しなければならない。

(c) 課程によらない博士論文の提出に関して

論文博士（乙号論文）として博士学位を請求するには、そもそも課程がないのであるから、提出期限はない。いつでも、論文を提出することにより、学位申請ができる。前記したように、「博士学位は、課程博士に関する規定にかかわらず、博士論文を提出して、その審査および試験に合格し、かつ、専攻学術に関し博士課程を修了した者と同様に広い学識を有することを確認された者に対しても授与することができる」のである（各大学院学則）。

しかし、だからといって、時間的計画性を無視するわけにはいかない（自分の人生設計にも関係してこよう）。だから、端的に、"研究は常に時間的制約が伴う"ものだと心得ておかなければならない。

2 資料の収集

(1) 常にあらゆる資料を収集しておく

テーマ（扱うべき論点）が決定した後に、精力的に行わなければならないのは、そのテーマに関する資料・データの収集である。研究職を志望する学生は、おそらく常日頃から関心のあるテーマについて、論文、判例、経済的データ、新聞の切り抜きなどを収集しているであろうから、この重要性については理解できよう。しかし、それでも、具体的なテーマに関する資料となると、修士課程では、半年以上はこの作業に追われるであろう。また、執筆中でも、随時、資料の収集と点検は必須である。

私事ではあるが、私は経済・金融の社会的な機能に興味をもっていたため、大学の学部4年頃から、経済と法律に関する新聞記事の切り抜きを始めた。それが、膨大なものになった。その頃は、なぜ

そのようなことをしているのか明確な目的もなかったが、続けてき
た以上止めるわけにもいかないので、日常のルーティーンとして切
り抜いていたというのが本音である。

　しかし、1984年にドイツの留学から帰国した際に、椿寿夫筑波
大学教授（当時）に、「日本では有担保主義から無担保主義への移
行が見られるが、研究してみないか」といわれ、それに取り組んだ
（1983年頃の日本企業の海外（特にスイス市場）起債ラッシュには目を
見張るものがあり、ドイツの新聞でも大々的に報道されていたから、椿
教授の意味するところは容易にうなずけた）。そして、その成果とし
て、1988年に、「有担保主義の動揺と「信用」問題（一）」を早稲
田法学63巻4号に発表し（現在も未完）、その要約を「無担保金融
の意義と問題点」金融・商事判例794号に載せた。また、1991年
に、椿寿夫編『担保物権法』（現代民法講義3・法律文化社）に、民
法教科書としてはふさわしくないかも知れないが、「担保物権法の
課題・有担保主義の動揺」という総論的なテーマで載せた。実は、
この「有担保主義から無担保主義への移行」というテーマの基礎と
した資料は、上記の"新聞の切り抜き"であったのである。当時は
何気なく切り抜いていたものが、まさか、このような形で役立つと
は、自分でも驚いた[1]（30年以上続けた新聞切抜きは、現在は止めた
が、研究室の片隅に眠っている）。

　また、私の修士論文は、「譲渡担保の基礎理論」というテーマで
あったが、これは、解釈論に主眼を置いたものではなく、「譲渡担

---

[1]　その約25年後の2015年に、ある出版社の編集担当者から、この論文を基礎と
して新たに『有担保主義の動揺と信用論』を書いてほしいとの依頼があった。最近
の世界金融危機をとってみても、このような研究が重要な役割を果たすからだとい
う。中心的な情報源である新聞の切抜きを止めてしまったので不可能に近いが、異
種の論文により一石を投じたことは自負している。

保」という変則的な金融手段が、日本の（または世界の）資本主義
経済の中で、正規の担保制度との関係でどのようにして生成し発展
してきたか、を探ろうとしたものである。というのは、担保制度
は、経済理論からすれば、資本主義経済において商品生産プロセス
を拡大させ、または消費プロセスを安定させるための必須の「信
用」創出手段であるが、暴利を発生させる変則担保（譲渡担保）も
その一部である以上、どのような役割を担ってきたか、に興味があ
ったからである。

　そこで、資本主義の発展過程を段階的に分ける経済理論と私法の
発展の対応関係理論（主に、福島正夫博士のシェーマ）に依拠し、そ
れぞれの段階における金融担保制度と「譲渡担保」の形態の関係を
考察した。修士論文だから公開されることもないので、具体的な内
容（項目）くらいは、開示しておこう。

【拙著修士論文「譲渡担保の基礎理論」】

Ⅰ　序説

Ⅱ　譲渡担保概念の確定と昭和 8 年 4 月 26 日大審院判決の意義

Ⅲ　譲渡担保の利用の実態（利用状況）

Ⅳ　譲渡担保制度の基礎としての信用経済構造分析

Ⅴ　資本主義の発展過程と担保制度史における譲渡担保の位置づけ

　〔A〕　本源的蓄積期における担保制度と譲渡担保

　〔B〕　産業資本確立期における担保制度と譲渡担保

　〔C〕　資本主義の独占段階における担保制度と譲渡担保

　〔D〕　資本主義の一般的危機における担保制度と譲渡担保

　〔E〕　戦時破局経済における担保制度と譲渡担保

　〔F〕　戦後の資本主義経済における担保制度と譲渡担保

Ⅵ　結語

　ここでは、主に、経済学（経済理論と産業経済史）および法制史（封建時代や明治初期の諸立法）に関する資料が中心となった。およそ、民法分野とはほど遠い資料の収集であった。さらには、博士課程に入って譲渡担保の解釈論を本格的に扱った際、日本とドイツの譲渡担保等に関する判例をくまなく当たったことについては、前記した（Ⅱ 3 (2)（26頁以下）参照）。

(2)　オンラインによる収集

　現在の情報・資料の収集は、第一次的には、インターネットによることが多いであろう。ただ、このような IT 関係などについては、私よりも、読者である大学院生などの方がはるかに知識が多いであろうから、旧版で示していた記述は、あまり意味がないのでここでは削除する。

　ただ、一つだけ考えておかなければならないのは、インターネット Wi-Fi が使えない地域・場所で論文を執筆したり、急に特定の資料が必要になった場合である。資料をクラウドに格納している場合でも、肝心のネットが使えないのだから、どうしようもない。私は、そのような地域（日本の田舎や東アジアの地方地帯）に行くことが多いので、収集した資料は、USB などで保管し、携行している。この点については、「データの管理」の項で後述しよう。

(3)　アイディアを"メモる"習慣を！

　振り返ると、私は、論文執筆のほとんどを資料収集に費やしたといっても過言ではないような気がしている。しかし、このような収集作業を続けていると、おのずとアイディアが湧いてくるものである。そのようなアイディアは貴重である。ただ、"後でメモすれば

いい"などと考えていると、たちまち忘れるのが普通であろう。そこで、私は、いつもポケットにボールペンとメモ用紙を入れておくことにしている。

だいたい、重要なアイディアというのは、机から離れているときに浮かんでくるものである。電車に乗っているときとか、寝ていてなかなか寝付かれないときなどで、ある事柄が頭から離れなくていろいろ思いめぐらしていると、良い考えが浮かぶものである。その際に、とっさにメモらないと忘れてしまう。私が今でも忘れられないのは、博士課程時代に、大泉学園から新宿行きのバス内で、吊革につかまっていたときに浮かんだ発想である。これは、その後の1つの論文の骨格になった。

私の指導教授である高島平藏早稲田大学名誉教授は、その指導教授である中村宗雄先生から、ボールペンつきのメモパッドを頂いたそうである。それは、ボールペンを抜くとパッドに灯りがつくという優れもので、いつも枕元に置いていたという。

アイディアというのは、机に向かっていると湧いてくるというものでもない。ふと思いつくようなことに重要な事柄も多いが、そのままにしておくと忘れるのも早い。いつも"メモをとる癖"をつけておいた方がいい。

3 データの管理

(1) データ管理の重要性

篠塚昭次教授は、大学院の授業の中で、前記した「研究には時間的制限がある」ということと共にその際に、「論文執筆中の原稿はいつも鞄に入れて持ち歩くように」と忠告した。

　これは、その原稿が紛失するようなことがあったら（例えば、火災にあって焼失するなど）、論文を提出することができなくなり、致命的な損失になるからだということである。当時は、今と違って、200字詰めの原稿用紙に万年筆で書いていたから、"オンリー・ワン"の原稿を紛失すると、記憶をたどって再現しなければならない。しかし、忠実に再現することは限りなく不可能に近い。

　篠塚教授が意識されたかどうかはわからないが、当時、博士課程では3年間で少なくとも2本以上の論文を学内機関誌に載せなければならないという暗黙の指導があった。これは、就職のための慣行のようなものであり、2本以上ないと推薦されなかったのである。現在とは違って、研究職への就職は必ずしも容易ではなかった。このことに関連づけて考えると、そのような機会を自分の不注意や不可抗力で失うことは、致命的な問題なのである。

　しかし、現代では、原稿はほとんどがデジタル文書で交換されるため、そのような必要はまったくない。ただ、未完成で校正段階の原稿は、常に、鞄に入れて持ち歩きたいものである。というのは、原稿は、書き殴ったものが多いから、何回も読み返して推敲することにより、格段にブラッシュ・アップされるからである。癖のある言い回しや、論理の展開に無理があることに気づくのは、多くの場合、原稿を読み返しているときである。

　また、原稿が校正刷りの「ゲラ」として出来上がったときのよろこびも、一入であろう。黙々と書いてきたものが、まさに具現化された時である。研究者の孤独なよろこびかも知れない。そして、カフェなどでつぶす"半端な"時間は、校正刷りの入念な点検などに最適な時間と場所かも知れない。いずれにせよ、執筆中の原稿やゲラは、絶対に紛失しないように管理し、かつ、その間十分な推敲を

重ねることに留意したい。

(2) 文献カード・研究ノートの利用？

さて、研究をしようとするテーマに関して集めた膨大な資料を、どのようにして管理し、論文の基礎資料として使うか。これが問題である。

昔は（パソコンがない頃は）、京大式カードというのが流行った。B5 の半分の大きさで、1 枚を 1 データとして使うものである。法律系の場合は、判例収集をこの方法でやると便利である（と考えられた）。そのため、私も、この方法で判例や文献の重要な箇所をいちいち手書きし、大量のカード・データを作った。

しかし、この方法では、第 1 に、文献を手書きで書き写さなければならないから、その労力がバカにならない。第 2 に、それを論文の各章ごとに振り分けて使おうという場合、再び原稿用紙に手書きして書き入れなければならないから、同じことを 2 回書くことになり、今度はバカくさくなった。

このようなことから、私は、この方法を止めてしまった。ではどうしたかというと、参照する本やコピー文献の重要な箇所を赤鉛筆で徹底的にマークし、または付箋を貼り散らして、それを、机の回りのあらゆる所に積み重ね、それらを、関係する場面場面で参照しながら執筆するという、まったく古典的な（あるいは独断的な）方法に戻した。結局において、自分の簡単なメモと記憶を基礎に執筆するという方法である。ただし、その前提として、論文の論理構成に関する"青写真"は、ペーパー上でくり返し書き直している。パソコンを多用している現在でも、執筆に当たって万年筆がパソコンに変わっただけで、論文の青写真作成や資料の参照等については、

基本的に以前と同じである。

(3) パソコンによる管理

　パソコンによってデータの利用と管理とが簡単になった現在、若い研究者は、カードの利用などという古典的方法に頼る必要はない。積極的に、電子機器を使うべきである。では、パソコンをどのように利用し、データをどのように管理すべきか？　2つの使い方があろう。

　第1は、クラウド・コンピューティングによって使う方法である。これは、資料等をすべてクラウド・ストレージに格納し、そこから、適切な端末で使いたいときに引き出すという方法である。ただし、これは、常時インターネットに接続してある（できる）状況に、自分がいなければならない。

　第2は、スタンド・アローンで使う方法である。これは、自分のパソコンを、インターネット接続とは無関係に、スタンド・アローンで使う場合で、USBとかSDカードその他に資料を格納し、そこから出し入れをする方法である。インターネット環境にない場合には、この方法しかない。

　「私は、外国や地方に行くことが多く、その際には、必ずしもインターネットに容易に接続することができるとは限らないので（ネット接続を探すのも、けっこう面倒くさいものである）、資料などの管理は、もっぱら第2の方法で行っている。そのため、大容量のUSBやSDカードを4〜5枚持ち歩いている。この中に、自分の全部の著作物はもとより、ほとんどの法律、民法の全領域の判例など、必要な資料をすべて入れている。」と、本書の初版（2011年）では書いた。

　その5年後の第2版（2016年）では、クラウドの使い勝手の良さから、ホストのミスでデータが漏洩されたとしてもそんなに不利益は被らないし、大学が契約しているboxほか複数のクラウドを利用しているとし、Wi-Fiが使えない場所では依然不便を感じるがバックアップのUSBメモリを携行しているので、さほど問題ではないと書いた。

　しかし、その後、研究室を明け渡すに際し、研究室の約3分の1ほどの書籍・文献をPDFにしたところ、文献数も1万点以上を超え、その容量も約150ギガを超えた。これを全部クラウドに上げたら費用もかかるし、それら全ての文献を常時頻繁に使うわけではないことを考えれば、クラウドがそんなに便利というわけでもない。そこで、全ての文献や書類を大容量のSSD・USBに入れた。この方が、刺せば直ぐに使えるし、クラウド・ストレージに格納するよりも、手間と費用の点で便利である。もちろん、Wi-Fi環境があるところでは、クラウドの使用を常時「オン」にしてある。

　パソコンの利用で一番問題なのは、① ハードディスクのクラッシュと、② フリーズによる執筆中文章の消失であろう。①については、一度苦い経験をしたのでハードディスクをミラーリング構造にしたが、現在ではそれを止め、起動ディスクをSSDにしたことで回避している。②は、私たちの職業では重大な問題であろう。例えば、ワープロには自動バックアップ機能があり、通常、デフォルトでは10分となっている。しかし、10分間に書いた文章が失われた場合、記憶を辿っても正確に文章を再現することは困難であろう。自動バックアップを3分くらいにすればよいが、バックアップ機能が働くたびに、遅くなったり、日本語変換機能が微妙にずれることがあるのが難点である。フリーズは、長時間使っている場合や

複数のソフトを立ち上げているときになど、主にメモリがオーバーフローするときに起きるようである。簡単な対処法はメモリのアップなので、32ギガにアップしてからは、あまり起こらなくなった。

　ついでながら、使用しているパソコンは自作したもので、現在6代目である。「最強・最速」を目指しているので、それなりの装備はしているが、ぜひお勧めしたいのは、モニターのデュアル使用である。24インチのモニターでA4の紙面がゆったりと2面入るから、2台だと同時に4面を並べることができる。メモリが大きければ、10や20の文書を常に開いておくことができるので、執筆作業には便利であろう。

(4)　デジタル・ファイルでの保管

　ウェブで収集した資料（文献・判例・画像・ムービーなど）や使用済みのペーパー資料（ハード・コピー文献）をどのようにして保管するか。原物保管ではなく、あくまでもデジタル・ファイルとしての保管である。

　文字データの場合、すぐに再利用することが予定されているならば、ワープロ・ファイルや表計算ファイルのままがいい。コピー＆ペーストが使えるからである。

　そうでない場合は、PDFファイルが便利である。上記で、研究室の約3分の1の本をPDFにしたと言ったが、保管場所がないからで、当然ながら、原本は廃棄した。かつて、この文献は確か研究室のどこかにあるはずだと思って探しても見つからなく、結局、図書館で同じものをコピーするか、新たに購入するかしたことが、何度かあった。このような経験を、多くの学者は少なからずしていよう。この点、デジタル・ファイルにしておけば、検索（次掲 5 参

照）をかけると一発で出てくるから便利である。

4 「検索」——資料は検索が命！

　上記のような方法で、片っ端から資料を収集していると、その数
も数千を超えよう。これを特定のテーマの論文でどう使うかであ
る。寝かしておく資料や、記憶から離れた資料は、無価値である。
したがって、収集した資料は、使うことを考えて保管しなければな
らない。

　第1は、保管（管理）の方法である。資料の保管には、特別なソフ
トは必要なく、エクスプローラー（Windowsの場合）で十分であ
る。そして、多くの人は、フォルダに名前を付けて、フォルダごと
に整理していよう。私の専門は民法その他であるから、大きなフォ
ルダは、「総則」、「物権」、「担保」、「債権」、「親族」、「相続」とし、
それ以外に、「証券化」、「NPM（New Public Management)」、「第三
の道・共生」、「法制史」、「ドイツ法」などのフォルダを作り、その
下部に、適宜小フォルダを作って、資料を放り込んでいる。

　第2は、「検索」を前提とした保管である。この点は、重要であ
る。数千のPDFやワープロ文書をいくつかのフォルダに分けて保
管するとしても、まさかその一覧をブラウズして目的のファイルを
探し出す人はいないであろう。そこで、一般には、「検索」をかけ
て探すことが便宜である。Windowsの検索は優れているが、しか
し、検索は、ターゲットをヒットさせることであるから、そのター
ゲットの絞り方がカギとなろう。そこで、ファイルやフォルダのタ
イトルを、文書のオリジナルな題名にとらわれず、ターゲットとな
る用語に置き換えておくことである。また、タイトルも、できるだ

け短くした方が一目瞭然である。

　いずれにせよ、デジタル文書は厖大な量になっていくから、「検索が命！」であり、検索でヒットしない資料は無価値である。後から検索しやすいように、自分なりの一定のルールを作って、整理しながら収集をしたほうがよい。ただし、資料は「検索が命！」といっても、その基本は、自分の《記憶》なのである。

第2部 文章の書き方
——文章表現の技術

1 文章表現の多様性とレトリック（修辞法）

(1) 文章表現の多様性

　学術論文は、自説を文章によって表現するものであり、他人によって読まれることを前提としている以上、その文章は、簡潔・明瞭でわかりやすくなければならない。「簡潔・明瞭でわかりやすい」とは、既述したように、①「文として正確」なこと（主語、述語、目的語、修飾語、接続語などが、文法どおりに履まれていること）、②「表現が明確」（意味上二義とも取れるような表現や何を言っているのかわからないような文章でないこと）、である（ 第1部 Ⅲ 3 (1)（40頁）参照）。

　しかし、文章は、個人の主観的な意思の表現であるから、人によって様々な表現方法があり、「絶対的に正しい表現」とか「このように表現すべきだ」というものはあり得ない。あるとすれば、このような表現は正しくないとする「悪文」を示すことである[1]。このようなことから、以下では、実際の「悪文」の典型例を示すことに

---

[1] 岩淵悦太郎編著『第三版 悪文』（1979・初版1960・日本評論社）は、このような発想から書かれた文章表現の指導書である。

より、「簡潔でわかりやすい文章」の書き方を示そう。

(2)　レトリックの必要性

　他方において、文章は個人の表現だから「こうでなければならない」ということはないとしても、読む人にとっては、古くさい表現よりも口語的でリズミカルな文章の方が読みやすいし、印象にも残るであろう。したがって、書く人は、より効果的な文章表現に心がけるべきである。ここで必要となるのが、文章の修辞（レトリック）である。

　修辞（レトリック）とは、ある事柄を言葉によって表現する際に、言葉を羅列して表現することよりも、言葉をより効果的に使って読む人の感情ないし心理に訴えかけようとする表現技術である。そこで、本書では、レトリック的視点も踏まえて、法律・社会科学系文章の表現技術を考えてみよう。

2　文章のスタイル

(1)　文章は短く切るクセを！

　文章は、長くなればなるほど、「簡潔でわかりやすい」から遠ざかっていく。長い文章が「悪文」の典型とされるのは、主語・述語の関係もあいまいになり、修飾語もどれに係るかわかりずらく、よってその文章が全体として何を言っているのかが判然としないからである。こうなると、読む人の思考がついて行けないのである。

　なぜ文章が長くなるかというと、文章を書くことに慣れていない人は、1つの文章の中に、思いついたことをいくつも入れようとするからである。しかし、文章表現が下手だから、文章内の整理がつ

かず、結局、その文章で一番何が言いたいのかも曖昧になるのである。

　短い文章が「簡潔でわかりやすい」のは、表現が端的で、文の構造が単純だからである。そうであれば、文章は、短く切ることを至高としよう。そして、長文を避ける唯一の方法は、接続詞を多用してもよいから、文章は短く切るクセを付けることである。では、これに反する文章がどれほどわかりずらいか、悪文の例を挙げよう。

　まず、公文書である「法律」の条文である。法律は、国民の生活のための規範であるから、誰もが一読して理解できるものとして制定されるべきものである。

〔例001〕（条文）　「視覚障害その他の障害により視覚による表現の認識が困難な者（以下この項及び第百二条第四項において「視覚障害者等」という。）の福祉に関する事業を行う者で政令で定めるものは、公表された著作物であつて、視覚によりその表現が認識される方式（視覚及び他の知覚により認識される方式を含む。）により公衆に提供され、又は提示されているもの（当該著作物以外の著作物で、当該著作物において複製されているものその他当該著作物と一体として公衆に提供され、又は提示されているものを含む。以下この項及び同条第四項において「視覚著作物」という。）について、専ら視覚障害者等で当該方式によつては当該視覚著作物を利用することが困難な者の用に供するために必要と認められる限度において、当該視覚著作物に係る文字を音声にすることその他当該視覚障害者等が利用するために必要な方式により、複

製し、又は公衆送信を行うことができる。」（著作権法 37 条 3
項本文）

　点線アンダーラインは、カッコ書きの係り方を明示するため、筆
者が付けたものであが、それを含めて、中止法や接続詞等を使って
多数の文が並べられている。文字数も 400 字近い。もちろん、専門
家や法律家は、内容を把握していることもあり、順を追って読んで
いくから理解できないことはないが。

　後掲する、〔例 043〕は、厳密には法律ではなく省令であるが、
カッコを多重に使った難解極まりない条文であり、また、〔例 039〕
は接続詞「若しくは」の多用で繋がり方が複雑なものである。問題
は、法律は国民のためのものだからわかりやすくなければならない
というのに、立法機関は、このような文章表現しかできないのであ
ろうかということである。法律の中でも、「刑法」の条文は、簡潔
で非常にわかりやすい。民事や行政関係の法律も、見習うべきでは
なかろうか。

　では、次に、裁判所の「判決文」はどうか。判決文は、国家機関
である裁判所が下すものであるから、公的な文書であるが、しか
し、書いたのは裁判官個人であって、その個性が色濃く出ているの
も事実である。

〔例 002〕（判決文）　　大審院昭和 14 年 8 月 24 日判決（民
集 18 巻 877 頁）。「本訴に於て、上告人は、被上告人開次郎
に対し、東京市本郷区森川町 134 番地の 2 所在宅地 67 坪 7

合3勺を、其の地上に存在する（一）木造瓦葺平家1棟建坪12坪5合及（二）木造瓦葺平家1棟建坪16坪4合1勺を収去して明渡し、且、昭和11年10月30日以降右土地明渡済に至る迄1箇月20円13銭の割合に依る金円を支払ふべき旨を請求し、其の原因として右宅地は元本多忠昭の所有にして、同人は大正14年9月18日以降之を訴外波多野とせに賃貸し居たるところ、上告人は昭和11年1月9日、該土地を譲受け其の所有権を取得し、同時に右本多と波多野間の土地賃貸借契約を承継し、其の際、波多野との間に契約の存続期間を昭和20年9月17日迄と為すべき旨を合意したるが、波多野は昭和11年10月30日、其の所有の前記地上建物を被上告人開次郎に土地の賃借権と共に譲渡したるも、上告人は賃借権の譲渡を承諾せざるにより、結局、同被上告人は上告人に対抗し得べき権原なくして該建物を所有し、其の敷地を不法に占有するに帰すべく、仍て、上告人は敷地の所有権に基き、地上建物の収去と土地の明渡とを請求するものなる旨主張したるに対し、被上告人開次郎は、昭和12年4月1日の本件準備手続期日に於て、上告人の賃借権譲渡不承諾を理由として、上告人に対し地上建物に棟を時価金4千円にて買取るべき旨を請求し、該代金の支払を受くる迄建物の収去、従て敷地の明渡を拒絶すと抗弁したるにより、原審は、被上告人開次郎の右買取請求に因り、上告人は建物の所有権を取得し、自己の建物を所有することと為りたる筋合なれば、其の請求ありたる以後に於ける本件土地の不法占有を原因とする土地明渡並損害金の請求

> は之を認容することを得ざれども、上告人の本訴請求の趣
> 旨は、無条件に土地の所有権のみを主張し、以て建物収去
> 並土地の明渡を求むるものに非ずして、若し、被上告人開
> 次郎の為したる買取請求に因り地上建物の所有権が上告人
> に移転したる場合に於ては、買取請求の結果、上告人の支
> 払ふべき金員と引換に地上建物の引渡並土地明渡を求むる
> 請求をも包含するものと解し、挙示の証拠に基き買取請求
> 当時の建物の時価を2千円なりと認定し、以て同被上告人
> は其の支払を受くると引換に建物を引渡し、其の敷地の明
> 渡を為すべきものと判示したるものにして、上告人弁論の
> 全趣旨に徴すれば、斯る判断を為し得ざるに非ず。」

　1つの文で約1,000字ある。原文は句読点もなく濁点もないカタ
カナ表記なので、少しでもわかりやすくするため、筆者がひらがな
に変換して句読点を付したものである。それでも、一般人の思考が
ついて行けるであろうか。現在では、判決文はひらがな表記であ
り、わかりやすくなってはいるが、次掲の中止法が多用された長文
になっているものも多く見受けられる。

（2）　中止法
　「中止法」とは、本来、終止形で文を終わりにしてしまうところ、
一度文を中止し、さらに文を続けていく長文の表現である[2]。下記
の〔例003〕で、「行動<u>し</u>、」、「確保<u>し</u>、」、「決意<u>し</u>、」、「宣言<u>し</u>、」

2）「中止法」の詳細は、岩淵編著・前掲『第三版 悪文』95頁以下参照。

とつないで、最後の「確定する。」と並列させる。この方法は、決して悪文ではなく、わかりづらいわけでもない。主語は、いずれの句についても「日本国民」であるから、主語が兼用されている。主語の節約ともとれるが、そうではなく、立派なレトリックである[3]。

〔例 003〕（日本国憲法前文）　「日本国民は、正当に選挙された国会における代表者を通じて行動し、われらとわれらの子孫のために、諸国民との協和による成果と、わが国全土にわたって自由のもたらす恵沢を確保し、政府の行為によって再び戦争の惨禍が起こることのないやうにすることを決意し、ここに主権が国民に存することを宣言し、この憲法を確定する。」

　ただ、法律的な文章からいえば、「決意し、」の後に、「並びに」などの接続詞を入れて、各句間の接続関係を明確にすることになろう。

(3)　人文系文章との違い

　人文系文章では、一般に、接続詞をほとんど使わず、しかも、短い文章で情景や感情などをみごとに表現している。もちろん、語句の省略も多いが、文の短さと相まって、違和感なく意味が通じているのである。これは、一文一文がそれぞれの情景や感情を描き、そ

3）この方法を、「そうして結合」（"Und" Verbindungen）というそうである。岩淵編著・前掲『第三版 悪文』100 頁。

れを順列的に展開させることによって、読み手の思考を違和感なく導いているからである。このような文章では、接続詞などはまったく必要としない。反対に、文章が複雑になればなるほど、接続詞などの「つなぎ句」が必要となるのである。

　では、法律学ではどうか。法律系（社会科学系一般）の文章は、一文一文が単純に情景を描くというものではなく、一文一文の中に法律的意味（法律要件と法律効果）が含まれ、それが文章構造の重要な要素となっているのが普通である。このような文章においては、主語や目的語の過度な省略形は、文章内容を不明確にしたり、意味の取り違いなどを起こしかねない。

　したがって、わかりやすいからといっても、人文系の文章スタイルが適切な模範となるものでもない。ただし、読み手にとって「短い文章」の方が理解しやすいことは自明であるから、できるだけ短く切るべきことは、(1) で前記したとおりである。

③　論理の展開のために

(1)　「段落」を付ける

　「文章は『段落』を切って書くこと！」ということを、教育的立場にある者は、誰しも強調してきたことである。

　「段落」というのは、1つの事柄をいくつかの文章によって表現している“文章の固まり”であり、多くの場合、内容的にも完結的である。では、「段落を付ける（切る）」とは、どのような意味があるのであろうか。

　「段落」を付けることは、第1に書き手にとって、1つの段落で1つの内容を表現することでもある。したがって、その段落を元に次

の段落（別の主張）へ考え方をスムーズに移行させ、結果的に、理想的な論理展開をすることを意味する。それゆえ、内容にもよろうが、10行くらいで1段落を取りたい。ワープロ原稿A4や本の1頁で、3～4段くらいの段落で切ることが理想であろう。このような段落を付けて文章を書く習慣を身につければ、文章による表現力は、驚くほど上達しよう。

　第2に読み手にとって、段落のない文章ほど読みづらいものはない。段落がなくて長く続くような文書では、論者の論理の展開を容易にフォローできないこともあろう。「他人に読んでもらい、理解してもらう文章」であることを、常に意識しなければならない（上記 1 (1)（59頁）参照）。

(2)　番号を振る

　段落を付けることと並んで有効なのは、主張したい内容に「番号」を振ることである。例えば、「第1に、～、第2に、～……」とか（上記 (1) 参照）、「①～、(2)～」などである。ただ、「番号」は、内容を限定する用語であるから、書き手にとっては、表現すべき内容が確定的に限定できる場合でなければならない。だから、むやみやたらに番号を振ることは、避けなければならない。

　「番号」は、書き手にとって、「段落」の場合と同じく、論理の展開の有効な手段である。また、読み手にとっては、次に読むべき内容が限定されていることになるから、内容を整理しつつ論理の展開をよりスムーズに理解できることになる。

　なお、「番号」は、事物を羅列する場合を除き、小さく区切られた段落と違って、より大きな内容をもつ場合に使われよう。

4 「文法」を践むこと

　「文法を践む」とは、主語・述語・目的語の関係や、複文の係り方が一読して明確なことである。これが明確でないと、その文章の中で、何が中心なのかわからなくなることがある。特に見られるのは、「主語」が不明、および「主語」と「述語」の関係が曖昧な文章である。以下では、文法が践まれていないことによる内容の理解が困難な例を挙げよう。

(1) 主語が不明で表現が稚拙

　一読して主語が明確でなく、文法的にもあいまいであり、表現が稚拙な悪文の例である。

> 〔例 004〕　「とにかく、iOS 8 は旧機種の動作がかなりモッサリした印象があります。特に iPad の動作が鈍く、A 7 チップを搭載している iPad mini Retina ディスプレイモデルですら動作がもたつきます。」(itstrike.biz, 2014 年 9 月 29 日)

　iOS を 7 から 8 にアップデートした場合、A7 搭載の旧機種では動作がもたつくということを言いたいらしい。もしそうであれば、「〔アップデートした〕iOS 8 〔について〕は、旧機種〔では、そ〕の動作がかなりモッサリした印象があります。」というのが、真意を表現した文章となろう。形式的には「iOS8」が主語であろうが、「～した印象があります」との述語からいえば、必ずしもそうとはいえない。「～した印象があります」とは、そのように考える主体

がいて、その主体が省略されているのである。要するに、主語も不明で、稚拙な文章としか言いようがない。

〔例 005〕 「同〔佐野〕氏がデザインした名古屋市の東山動植物園のシンボルマークが、中米コスタリカの国立博物館のマークに似ているとの指摘を受け、同園が調査を開始したことが判明。<u>この日、佐野氏は出張先の京都市で広報担当の佐野氏の妻が疑惑を否定した。</u>」（スポーツ報知 2015 年 8 月 19 日）

アンダーラインの文章の主語はどれか。述語が「否定した」であるから、「佐野氏の妻」であろう。とすると、その前の「佐野氏は出張先の京都市で」という文章は、どこに係り、何を形容しているのであろうか。上記に続く解説では、佐野氏は京都市のシンポジウムには出席したものの、報道陣の問いかけには答えなかったとあるから、単に京都にいたにすぎない。それにしても、下手な文章表現といわざるを得ない。

(2) 文法がでたらめ

主語・述語などの関係が、文法的に見てまったくでたらめな例である。

〔例 006〕 「主要 20 カ国・地域（G20）首脳会議出席のためトルコ・イスタンブールを訪れていた首相・安倍晋三に悲劇の一報が届いたのは現地時間 13 日の夜だった。

『フランス・パリで同時多発テロ発生。死傷者多数』
どういうわけか安倍は、外遊中に大きな出来事が起きる。
1月の「イスラム国」がジャーナリスト・後藤健二らの拘束
を公表した時、安倍は中東訪問中。2013年1月、アルジェ
リアの人質拘束事件の時は東南アジア歴訪中だった。古く
は安倍の首相としての初外遊となった06年10月には、北
朝鮮の核実験の知らせを北京からソウルに飛ぶ専用機の中
で聞いた。」(文藝春秋2015年12月10日、Yahoo!-Web配信)

アンダーラインの「どういうわけか安倍は、外遊中に大きな出来
事が起きる。」の文章について、形式上の主語部は「安倍は、」であ
り、その述語は不明。後に続く「外遊中に大きな出来事が起きる」
の文の主語は「出来事」、述語は「起きる」(自動詞)である。そう
すると、文全体の主語である「安倍は」は、どうかかるのか。まっ
たく文法を無視した、意味の通らない文章となっている。「安倍は、
そのような偶然性に遭遇しているとか、運命にある」などと言いた
いのであろうが、そうであれば、多くの補助語を必要としよう。そ
こで、これを私なりに訂正してみると、

①「どういうわけか、安倍の外遊中には、大きな出来事が起き
　る。」→主語は、「大きな出来事」
②「どういうわけか、安倍は、外遊中に大きな出来事が起きる
　(または、偶然性に遭遇する)運命にある。」→主語は、「安倍」

いずれの理解も可能であるが、おそらく論者は、②の意味で書い
たのであろう。一般に、「文の最初に置かれる語句」は、文全体の
中でその語句を強調するために文頭に置かれるのである。そのこと

から考えると、「安倍は、〔〜である〕」というニュアンスとして理解することが作者の意図に沿うであろう。①だと、文章としては素直であるが、ジャーナリストとして得々と「安倍」を論評しているニュアンスが出てこない。この、「文頭の語句」の強調的な用法は、後掲 5 (3)(77頁)で詳論しよう。

　次に、言いたいことがいくつかあり、それを1つの文の中で言おうとした結果、デタラメな文法になっている例である。

> 〔**例007**〕　「(a) 犬ほとんどの場合、感染していても症状が現れないいわゆる『不顕性感染』です。〔改行〕
> (b) <u>犬は元気でもエキノコックスに感染した犬の糞便にはたくさんのエキノコックスの虫卵を排泄します。</u>」(Yahoo! ニュース 2021年9月3日某氏の文章)。

　問題なのは(b)の文章である。言いたいことが2つあり、1つは、メインで、(a)の文章を承けているから、「犬は、<u>(不顕性感染の場合には)元気でもたくさんのエキノコックスの虫卵を排泄します。</u>」ということ。もう一つは、「エキノコックスに感染した犬の糞便には、沢山のエキノコックスの虫卵が<u>(見られます)</u>。」ということ(いずれも、カッコ内語句を補足して)。

　要するに、言いたいことがいくつかあり、それを、焦って一度に言おうとするから、このような表現になるのである。<u>1つの主題は1つの文章で、2つの主題は2つの文章で</u>、と分けて表現したほうがいい。

(3)　文法を無視した意味不明な文章

　文法がまったく践まれていない例で、何を言いたいのかわからない例である。

〔例 008〕　「高校野球あまり詳しくない人は知らないと思うけどバックネット裏にいつもいるラガー服のおじさんは 8 号門クラブっていう自由席であるはずのバック裏の席を占拠するとんでもない集団だからこうやって抵抗する人が出てくると嫌がらせとかしてるくるんだよなぁ」(匿名ツイッター 2015 年 8 月 12 日)

　1 つの文章にいろいろな事柄が盛り込まれているので、文法的には判然としないし、取り方によっては、意味も不明となろう。たぶん、「おじさん（とんでもない集団)」が主語で、それに抵抗して来る別人（文では省略）に対して、「嫌がらせをしてくる」が述語であろう。ただ、ツイッターの文章なので、意味さえ通ればいいから（この状況を知る人は知っているのであろうから）、彼らの間でのコミュニケーションであれば、他人が口を挟む必要もないが。

(4)　係り方が不明

　係り方が不明な例である。

〔例 009〕　「放送事業者が第三者の要請により正当な理由なく、特定人の番組出演をさせない行為をすることができなくなった。」(WoW! Korea 2015 年 11 月 30 日・日本語訳・出典 Yahoo!)

　この文章の「主語」は「放送事業者」であり、その「述語」は、「(特定の番組出演をさせない) 行為をすることができなくなった」である。そこで、「特定人の番組出演をさせない」というのは、第三者による要請であるから、「第三者の要請により特定人の番組出演をさせない」ことが複文となろう。「正当な理由なく」というのは、副詞句である。そうすると、「放送事業者は、第三者から特定人の番組出演をさせないでくれとの要請があった場合、正当な理由がなければ、それに応じてはならない」という意味であろう。外国語の翻訳なのでやむを得ないが、文法的には悪文といわざるを得ない。

〔例 010〕　「(a) FBI への志願の動機は、(b) 米フロリダ州オーランドで 2016 年に発生した性的少数者が集まるナイトクラブで起き、(c) 49 人が死亡した (d) 銃の乱射事件での (e) FBI の (f) 組織だった (g) やるべきことはやる (h) 捜査手法への (i) 驚きだった。」(CNN.co.jp 2021 年 8 月 12 日)

　黒人女性が米 FBI 特殊作戦部隊の訓練に初参加した記事であるが、言いたい事柄をいくつも詰め込み、形容句だらけで、一読しただけでは、何がどこに係るかわからないであろう。このような悪文は見たことがない。まず、基本となる主語・述語関係は、「(a) FBI への志望の動機は」(主語)、「(d) FBI の組織だった…… (g) 捜査手法への (h) 驚きだった。」(述語) である。問題は、「(b) 米フロリダ州オーランドで 2016 年に発生した性的少数者が集まるナイトクラブで起き、」の形容句であるが、これは、「(d) 銃の乱射事件」に係るから、「起き、」の読点「、」は必要ないが、そうすると、「(d) 銃の乱射事件」には、「(b) 米フロリダ州オーランドで 2016 年に発生した

性的少数者が集まるナイトクラブで起き、」と、「(c) 49 人が死亡した」の２つの形容句が修飾していることになる。その後の、「(e) FBI の」と「(f) 組織だった」と「(g) やるべきことはやる」の３つの形容句は、「(h) 捜査手法」を形容しているのである。このような事柄がすべて１つの文の中に押し込まれているのであるから、一読では解明できない。悪文の典型である。6 (2)（88 頁）で後掲するように、「１つの名詞には１つの形容詞」が原則なのである。

5 　主語・述語の関係

(1) 　主語を受ける助詞「は」と「が」

　主語を受ける助詞で代表的なものは「は」と「が」であるが、どちらを使うかは、<u>前の文章を受けた "語呂"（続き調子）</u>と、<u>文の構造（重文か複文か）</u>によろう。ただ、<u>論者が特に強調したい場合</u>には、多少語呂が悪くても、また重なって使っても差し支えない。

　(a)　重文の場合は、いずれの文も「は」が一般的

〔例 011〕　「私<u>は</u>アメリカに行き、彼女<u>は</u>フランスに行った。」

　この場合、「私<u>が</u>アメリカに行き、彼女はフランスに行った。」とか「私<u>が</u>アメリカに行き、彼女<u>が</u>フランスに行った。」とした場合には、意味が異なってくる。多くの場合、前の文章を承けて、表現が決まろう。

　なお、この例において、「…に行き、～に行った。」という表現は「中止法」であるが、この文法については既述した（前掲2 (2)（64

頁）参照）。

(b)　複文の場合は、主節は「は」、従属節は「が」

> 〔例012〕　「法人Ａ<u>は</u>、従業員に社有車での直行、直帰を認め、休日等の使用<u>を</u>禁止していた。」（次掲〔例013〕の(a)部分の修正）

これを、「法人Ａは、従業員に社有車での直行、直帰<u>は</u>認め、休日等の使用<u>は</u>禁止していた。」（〔例013〕原文）——「は」を３つ重ねる——とした場合は、文法的にも意味的にも異なったものとなる。文法的には、「法人Ａは、従業員に社有車での直行、直帰〔について〕<u>は</u>〔これを〕認め、休日等の使用〔について〕<u>は</u>〔これを〕禁止していた。」というように、述語の「認めた」・「禁止していた」が他動詞であるから、〔　〕内の用語を補って目的語としなければならない。また、意味的にも、後掲〔例013〕で述べるように、前の文章を受けたものでなければ、そのような表現は、レトリックとして妥当ではない。

(c)　前の文章を受けて強調的に使う場合

> 〔例013〕　「(a)法人Ａ<u>は</u>、従業員に社有車での直行、直帰<u>は</u>認め、休日等の使用<u>は</u>禁止していたが、従業員Ｂが社有車を自宅に持ちかえり、社則に反し、友人Ｃに社有車を貸与した。友人Ｃは借用した法人Ａの社有車を運転中、自動車事故を起こした。(b)……友人Ｃが自らが付保する自動車保険の他車運転特約では支払の対象となるか。」（某企業の社内マニュアル）

　この例文において、(a) の文章の前半部分だけを取り出した場合、〔例012〕のように「法人Aは、従業員に社有車での直行、直帰<u>を</u>認め、休日等の使用<u>を</u>禁止していた」とした方が、主語「法人Aは」との関係で、語呂的にも据わりのよいものとなろう。文法的にも、補わなければならないことは、上に述べたとおりである。

　しかし、この文章は、後半の (b) の文章からわかるように、設例となっていて、「直行、直帰<u>は</u>認め、休日等の使用<u>は</u>禁止」の部分がポイント（要点）なのである。つまり、「社有車での直行、直帰は認めるが、休日等の使用は禁止する」とする内規に反して社有車を運転し事故を起こした場合に、他車運転特約により保険金が支払われるか、という設問である。このような特殊な使い方については、文法的に誤りでない以上、レトリックが介入する余地はない。

(d)　特定の助詞を1つの文中で重出させない

　1つの文の中で、「は」、「が」などの助詞を重出させないことである[4]。文法的に誤りではないが、レトリックの問題として、「据わりが悪い」文章となる。なお、現在のワープロは、特定の助詞を重ねた場合には、警告を出し、他の用語への言い換えを勧めていようから、気がつくであろう。

(2)　主語の兼用

　複文に特有の問題であるが、特定の主語がいくつかの事柄を叙述する場合において、バラバラの文とせず、それらを一つの「主語」の下に結合させる場合がある。ただし、この場合には、適切な接続詞が使われる必要がある。なお、この形式は、「中止法」を用いた

---

4) 岩淵編著・前掲『第三版悪文』138頁は、1つの助詞が1文中に何回も出ることを「悪文のインデックス」といってよい、とする。

文の結合でもある ⁵⁾。

> 〔例 014〕 「自動車は、(a) 戦後の復旧のために欠くべから
> ざる運搬手段として大きな役割を果たしたが、(b) 技術的に
> も劣っていたことから昭和 25 年頃には老朽化が生じ、(c) 買
> い換えの必要性に迫られていく。」

　主語「自動車」は、(a)・(b)・(c) の主語であり、これをバラバ
ラの文とすることは、美的感覚に欠けよう。この場合、各文を結合
させ、主語を兼用させるのがレトリックの一つの方法である。ただ
し、この場合、接続詞ないし接続語である「…が、」・「が生じ、」が
適切に使われているから語呂が良くなるのであって、これが不適切
だと駄文になろう。

(3)　強調したい語句は文頭に置く
(a)　位置によるニュアンスの違い
　主語に限らず、文の最初の語句は、読み手に特別の印象を与える
ものである。ファースト・インプレッションである。したがって、
「強調したい」語句は、文の冒頭に置かれるべきである。次の〔例
015〕を挙げるまでもなく、その意味がわかるであろう。

> 〔例 015〕
> （α）　私は、2021 年 8 月 8 日、沖縄に行った。
> （β）　2021 年 8 月 8 日、私は、沖縄に行った。

5）岩淵編著・前掲『第三版悪文』100 頁以下参照。

（γ）　沖縄に、私は、2021年8月8日に行った。

　いずれも、文頭の語句が、読者に特別のインプレッションを与えている。この表現が特に前文または前段落を承けている文章であれば、文頭の語句は、そのことを更に叙述していることになる。書き手は、そのような意味で使うが、読者も、論理又はストーリーの展開であることがわかるであろう。

（b）　解釈により文意が異なる表現

　意味が通らないという訳ではないが、文法に従って分析すると、いくつかの文章表現が可能となり、文意が異なってしまう場合である。いずれも「悪文」の例だが、2つ挙げよう。

　　ⅰ　語句の省略のため、主語が2つあるような体裁になっている文章である。

〔例016〕　「『セクハラ』騒動で前村長が辞職した宮城県大衡村長選は26日、新人で前村議会議長の萩原達雄氏（66）が、新人で前村議の赤間しづ江氏（67）を破り、初当選した。」（産経新聞2015年4月26日）

　このような表現のため、〔例016〕は、解釈上、次の3つの意味に取ることができるよう（この点は、文章作成や文の構造を理解する上で参考にしてほしい）。

〔例 016 の解釈と修正〕

　（**修正①**）　宮城県大衡村長選は 26 日<u>に行われ</u>、萩原達雄氏が赤間しづ江氏を破って初当選した。（「に行われ」が省略されていると解して、2 つの文章からなる重文とする）

　（**修正②**）　宮城県大衡村長選は、26 日<u>に行われ</u>、萩原達雄氏が赤間しづ江氏を破って初当選した<u>結果となった</u>。（「村長選」を、複文である主節と従属節の双方の主語と解し、「、」、「に行われ」、「結果となった」が省略されていると解する）

　（**修正③**）　宮城県大衡村長選<u>においては</u>、萩原達雄氏が、赤間しづ江氏を破って初当選した。（「宮城県大衡村長選」の部分は、状況を表す限定句と解する）

　この 3 つの解釈は、文法的にも意味的にも異なる。文法的な差異は、上記文末の（　）内で示したとおりであるが、この点は、文章のスタイルであるから、どちらでもよい。しかし、意味的には、大いに異なろう。「文の最初に置かれる語句」は、上記したように、その語句が強調されているものである。例えば、（ア）「萩原氏は、村長選で当選した。」という文章と、（イ）「村長選では、萩原氏が当選した。」という文章では、意味は同じかもしれないが、ニュアンスが異なる。（ア）では「萩原氏」が、（イ）では「村長選」が強調されているのである。そしてまた、このような強調＝最初の語句は、<u>前の文章を承けての強調</u>であるのが一般である。

　このことからいえば、上記〔**例 016**〕は、「『セクハラ』騒動で前村長が辞職した宮城県大衡村長選」を強調したいのであるから、「村長選」が状況を表す語句すぎない（**修正③**）は外れよう。そこ

で、（**修正①**）または（**修正②**）であるが、（**修正②**）は、「〜結果と
なった」などの語句を想定しなければならないが、それは論者の想
定外であるかもしれない。（**修正①**）が素直な解釈となろう。

　なお、読点の打ち方についても、注意しなければならない。この
文では、「宮城県大衡村長選は」の次に「、」を打ちたい。一般に、
主語の次には、文章とその意味を明確にするために、読点を打つの
が普通だからである。特に、法律系の文章では、慣用ともなってい
る。この点は、後掲 7 (2)（92頁）で詳述しよう。

　　ii　表現の"まずさ"が多様な意味を生んでいる文章である。

〔**例 017**〕　「(a) 保険契約時に、または被保険者になる者が
告知事項について正しく回答する義務（告知義務）に故意・
重過失によって違反した場合に、当社は当該契約を解除で
きる。

　(b) 告知義務<u>は</u>、保険<u>は</u>保険者が引き受けるリスクに応じ
保険契約者に保険料負担を求めることにより成り立つ（給
付・反対給付均等原則）が、危険測定に必要な情報<u>は</u>保険契
約者側に偏在するため、法律が保険契約者側に課した義務
である。」（某企業のマニュアル。リスク細分型保険の説明）

　この〔**例 017**〕で問題とするのは (b) の文章である。いかにも素
人社員が作成したような文章であり、主文の主語と述語の中に長い
複文（従属文）があるため、わかりづらい。そこで、この文章を修
正すると、次の2通りの形式が考えられる。

〔例017の修正①〕　「保険は保険者が引き受けるリスクに応じ保険契約者に保険料負担を求めることにより成り立つ（給付・反対給付均等原則）が、危険測定に必要な情報は保険契約者側に偏在するため、<u>法律は、告知義務を保険契約者側に課している。</u>」

とするのが、文法的にも素直な表現である。しかし、<u>この文章（b）は、その前段の（a）の文章で「告知義務違反」を問題とし、それを承けた文章</u>なので、「告知義務」をどうしても最初に置く必要がある。そこで、つぎのような表現が一つの修辞となろう。

〔例017の修正②〕　「告知義務は、法律が保険契約者側に課した義務であるが、これは、保険<u>が</u>保険者<u>の</u>引き受けるリスクに応じ保険契約者に保険料負担を求めることにより成り立つ（給付・反対給付均等原則）<u>ものであるところ、</u>危険測定に必要な情報<u>が</u>保険契約者側に偏在するため<u>〔契約者に課されたもの〕</u>である。」

アンダーラインの部分を補って修正したものであるが、文法的には原文と離れるものの、意味的には、この文章の方が作者の意図に近い。

（c）　主題の明示（法律の条文）

文頭の語句が、そのことを強調する意味で使われることは、法律の条文でも同じである。ただし、条文では、主題を明示している意味合いが濃い。

> 〔例 018〕　　著作権法 38 条の構造
> 〔第 1 項〕「<u>公表された著作物は、</u>営利を目的とせず、かつ、
> 聴衆又は観衆から料金……を受けない場合には、公に上演
> し、演奏し、上映し、又は口授することができる。」
> 〔第 2 項〕「放送される著作物は、……（以下略)」
> 〔第 3 項〕「放送され、又は有線放送される著作物は、……
> （以下略)」
> 〔第 4 項〕「<u>公表された著作物（映画の著作物を除く。）は、</u>営
> 利を目的とせず、かつ、その複製物の貸与を受ける者から
> 料金を受けない場合には、その複製物（映画の著作物におい
> て複製されている著作物にあつては、当該映画の著作物の複製物
> を除く。）の貸与により公衆に提供することができる。」

　第 4 項のアンダーライン部分に注目してほしい。この文章は、
「映画の著作物を除き、公表された著作物は、…」とした方がすっき
りし、一般人にはわかりやすい。

　しかし、この条文自体が「公表された著作物」を主題として扱っ
ているもので、第 1 項では「公表された著作物」の一般的規律をい
い、第 4 項は、それを承けて、「公表された著作物」につき更に叙
述をしているのであるから、そのような言い換えは適切ではない。
このことは、第 2 項「放送される著作物は、」及び第 3 項「放送さ
れ、又は有線放送される著作物は、」と並列され、第 1 項及び第 4
項が特に「公表された著作物は、」を強調して明示されているので
ある。条文としては、わかりやすい表現である。

(4) 条文での主語の省略

民法（財産法部分）や刑法など特に古くからある法律では、条文の主語が省略されていることがある。これは、ドイツなどの法律条文の影響であるとともに、実体法規定は、「〜したときは、」（法律要件）→「…とする」（法律効果）という要件・効果の構造のため、主語が省略されても意味が通じるからである。ただ、論文執筆では、このような省略形はほとんどないであろう。

〔例 018〕（条文）「意思表示は、……その錯誤が法律行為の目的及び取引上の社会通念に照らして重要なものであるときは、取り消すことができる。」（民法 95 条 1 項柱書）

この条文の主語は、「取り消すことができる」主体であるから、意思表示をした「表意者」であるが、「表意者」をこの文章に入れるならば、それに合わせて文章も変更せざるを得なくなり、それこそ美的感覚に欠けよう。

(5) 語句の重複（重複表現）を避ける

1 つの文章内で、語句が重複している場合がある。文法的に誤りではないが、レトリックからいっても、特別に理由がある場合を除き、重複は避けなければならない。

(a) 主語と目的語（述語）の重複

主語が、述語である目的語と重複する場合である。

〔例 020〕「(a) 不法占拠者を排除する最も有効な<u>方法は</u>、(b) 証拠をそろえて裁判を提起するという第 3 の<u>方法である</u>。」

　このような表現は、レトリックの問題として、"据わりが悪い文章"である。そこで、通常は、次のいずれかの表現で、重複を避けている。

〔例020の修正①〕　「(a) 不法占拠者を排除する最も有効なこと〔または「手段」〕は、(b) 証拠をそろえて裁判を提起するという第3の方法である。」((b) 文はそのままにして、(a) 文の「方法」を「手段」または「もの／の」などの用語に置き換える)

〔例020の修正②〕　「(a) 不法占拠者を排除する最も有効な方法は、(b) 証拠をそろえて裁判を提起するという第3の手段である。」((a) 文はそのままにして、(b) の「方法」を「手段」など他の用語に置き換える)

　いずれの表現が適切かは、論者の力点の置き方により異なる問題で、一般的にはどちらでもかまわない。

　このように、据わりの悪い文章を訂正したり、より効果的に表現したりするのが"レトリック"である。社会科学系論文では、文章の正確さを期すことが第一であるが、それを前提として、より効果的に文章で読者を説得することも必要であろう。

(b)　同じ意味の言葉を重ねない（「重ね言葉」）

　「車に乗車する」、「馬から落馬する」、「頭痛が痛い」など、同じ事を別の言葉で重ねて言うことは、説明するまでもなく、無意味であり、表現のセンスに欠けよう。したがって、どちらの言葉を、別の表現にすべきである。

　なお、「まず最初に」という表現について、「先ず」と「最初に」は同じ意味の「重ね言葉」だとして、私のワープロ Word や日本語入力システム Atok は、「最初に」を推薦候補に挙げて来る。しかし、「まず」には、「最初に」という意味のほか、「だいたい、およそ、多分」という意味がある[6]。そこで、「先ず最初に、」という表現の中には、「およそ最初には、」という意味もあろう。私は、このような意味で使っているのであって、決して「重ね言葉」として使っているわけではない。しかも、こと「まず最初に、」に限っては、文頭に置く言葉として、既に口語では一般化しているのではなかろうか。会話の中でもよく耳にする言葉であろう。

　(c)　1つの文内で同じ言葉を使わない

　1つの文内で同じ言葉を使うことは、読み方にとってはうっとうしいし、表現の簡潔さにも欠けよう。ただし、これは原則である。特にその語句を強調したい場合や、複文などの長文においては、繰り返す方が理解しやすいであろう。この原則は、レトリックにすぎず、使い方次第である。

(6)　文末助動詞「である。」と「だ。」

　「である。」と「だ。」は、共に、文の最後に置かれ、文を締めくくる助動詞であるが、用方上、次のような相違がある。

　(a)　「である。」

　「である。」は、学術論文をはじめ、社会で"文書"(書き言葉)の中で使われる用語であり、口語(話し言葉)では使わない。

---

6)『精選版日本語大辞典』(小学館)、『広辞苑第五版』(岩波書店)、『明鏡国語辞典』(大修館)など参照。

(b)　「だ。」

これに対し、「だ。」は、「である。」よりもより口語的であり、書き言葉（文書）としても話し言葉（口語）としても使う。ジャーナリズム系ではよく使われる用語である。立場上、大学入試の関係で、高校生が作成した小論文やエントリーシートでもよくお目にかかる。おそらく、小論文の執筆方法として、そのような教育がされているのであろう。

「である。」と「だ。」に関して、重要なことは、「だ。」は、「である。」よりも、意味的に“断定”性が強いことである。その意味では、ある種の文章では、効果的な表現であることは確かである[7]。しかし、そのことは、逆に、感情的表現に近接した表現であることも否めない。

学術論文には、“断定”はない。あるのは、資料（証拠）に基づいて仮説の正当性を証明することだけである。したがって、学術論文の用語として、「だ。」を用いることは、妥当ではない。

6　修飾語関係

文章表現では、形容詞・形容詞句や副詞・副詞句などによる修飾が必須であり、修飾があるから美しい日本語となる。レトリックの最たるものである。ただし、修飾語は、多用すればそれだけ文章の品位も落ちるから、多用は避けるべきである。

---

[7] このような効果を狙ってのことであろうか、浜辺陽一郎『新会社法のしくみ〔第4版〕』（2020・東洋経済新報社）は、法律書としてはめずらしく、「だ。」を多用している。初心者向けのエントリー教科書であるから、それなりの効果はあろう。

（1） 形容詞は修飾する名詞の直前に置く

　形容詞・形容詞句は、特定の言葉に係ってその性質や特徴などを修飾する語句である。したがって、<u>修飾する名詞の直前に置く</u>のが原則である。離れた修飾は、誤解を招きかねない。

〔**例 021**〕　「〔男性ファンから絶大な人気のある女性タレントについて〕ポストに撮られたパイロットとは結婚含みで交際しているというから、<u>深刻な男性の"ファン離れ"</u>も懸念されます。」（日刊現代 DIGITAL2021 年 6 月 6 日）

　「深刻な」という形容詞は、文章の意味からして「離れ」に係るもので、上記の文章だと「男性」に係るものともとれよう。したがって、「男性の深刻な"ファン離れ"」とすべきであろう。

〔**例 022**〕　「<u>命懸けで離陸する米軍機</u>に取り付き、落下したアフガンの男たち」（Newsweek 日本語版 2021 年 8 月 17 日）

　「命懸けで」という修飾語（副詞句）は、文法の原則「修飾語は直前に置く」からいえば、直後の「離陸する」に係るはずであるが（その場合には、「命懸けで離陸する米軍機」が「取り付き」にかかることになる）、しかし、そうではなくて、この文章での「命懸けで」は、内容的にも「取りつき、」に係ると考えなければならない。アフガンが崩壊し、タリバンが政権を掌握した結果、その報復を恐れる人々が国外脱出するため、命懸けで米軍機に乗ろうとした状況を言っているからである。しかし、文法的には最初の理解が正しい。このように、「修飾語は被修飾語の直前に置く」原則を忘れると、

別の意味に取られることがある。

　なお、このような表現は、その筆者が文頭語「命懸けで」を強調したい感情的意識から、そのようになったのであろう（〔例021〕もそうであるが）。

(2)　「1つの名詞には1つの形容詞」原則

「1つの名詞には1つの形容詞」が、修飾の原則である。問題なのは、いくつもの形容詞や形容句が係っている場合である。初心者は、往々にして、いろいろなことを説明したいため、1つの文章にいくつもの形容句を入れてしまうことがあろう。1つの名詞に、2つも3つもの形容句が係っていて一読しただけでは判然としない悪文の典型については、既に〔例008〕〔例009〕などで見たとおりである。

　書き手にとっては、感情の赴くままに形容句を重ねているであろうが、しかし、読み手にとっては、書き手の意向とは裏腹に、判読するのに苦労しよう。したがって、「1つの名詞には1つの形容詞」原則を常に意識し、係り具合を注意しながら執筆しなければならない。

> 〔例023〕　「誘拐された長女の子、36年ぶりに確認　アルゼンチン」（asahi.com 2014年8月6日の見出し）

「誘拐された」のが「長女」なのか、長女の「子」なのか、それだけでは不明である。「36年ぶりに確認」されたということから、意味的に判断して、「長女」を形容していることが推測されるのではあるが。

〔例 024〕 「もうひとりは女医でタレントの西川史子の元夫で実業家の福本亜細亜氏。」（日刊ゲンダイ 2015 年 4 月 21 日）

　日本人であれば、内容から判断して、どの語句がどれにかかるかはわかるが（ただし、文法的には、どの語句がどの語句を修飾しているのかは、幾通りにも考えられる）、それにしても、形容句だらけである。このような文章は、読点を使えば明確になる。一つの例として、「もうひとりは、女医でタレントの西川史子の元夫で、実業家の福本亜細亜氏。」と、2 つの読点を入れればよいであろう。

〔例 025〕 「消息を絶ったマレーシア航空機に盗難旅券で乗っていた 2 人の航空券をタイで調達した「アリ」という名のイラン人の男が、偽造旅券ネットワークの中核幹部とみられることが分かった。」（共同通信社 jijicom 2014 年 3 月 11 日）

　主文の主語は省略してあり、述語は「わかった」である。その中の中心となる複文の主語は「イラン人の男」で、その述語は「（中核幹部）とみられる」。そこで、「消息を絶ったマレーシア航空機に盗難旅券で乗っていた」が「2 人」を修飾し、それがさらに「航空券」に係り、これが複文の目的語になる。

　英語などでは、関係詞を使った関係文（間接文）構成により、文の構造が明確になるが、残念ながら、日本語では、関係文や間接文が発達してこなかったため、形容句やカッコに依存せざるを得ず、それらの多用については、やむを得ないところがある。そこで、形容句を複数用いる場合には、読点によって内容を明らかにする必要

があろう。

(3) 副詞または副詞句

(a) 「用言」を修飾

「副詞」（または副詞句）は、連用修飾語として、主に、「用言」（述語）を修飾する語である。「はるばる」、「たびたび」など、その数は多い。副詞も、形容詞と同じく、多用はしない。

(b) 使い方によっては読点「、」を

副詞（副詞句）は、次掲 (c) の「陳述の副詞」を除き、場合によっては、次に読点「、」を打つことが好ましい場合もある（好みの問題であるが）。

　i　例えば、① 1文が長くなる場合などでは、用言を修飾していることが明らかとなり、また、② 副詞が「特に」・「元来」・「依然」などの漢字で使われるときは、次に来る名詞が漢字の場合には、連用修飾語である「依然」と、目的語である次の名詞とは、読点で区切った方が、視認的にも明確となるからである。

　ii　その副詞または副詞句が、複文の両方に係る場合には、係り方を明確にするため、「読点」を打つべきである。例えば、本書で「学術論文の文章は、別に、美文である必要もなければ、凝った文章である必要もない」（**第1部** **Ⅲ** **3** (1)（40頁））と言ったが、「別に」は、2つの文に係る副詞であり、読点を付けずに「別に美文で〜」としても2つの文に係ることは明らかであろう。だから読点は必要ないといえばそれまでだが、私は、読点を打って「別に、」とする表現を好んでいる。

(c) いわゆる「陳述の副詞」

「決して」、「全然」、「とても」など、先に置いて、その文章の結

論（「〜でない」とする否定形）を予告させる働きをもつ副詞は、「陳述の副詞」といわれる[8]。例えば、「決して」という副詞は、「〜でない」とする内容の否定形を随伴する修飾語である。

　ただ、これは、多分に慣習的な使い方がそのようなものとして定着してきたにすぎないのではなかろうか。ちなみに、「とても」は、否定形（「ひどい」など）を伴う使い方から、肯定的結論（「美しい」など）にも使われているし[9]、また、「全然」という副詞も、現在では、「〜でない」とする否定形を伴うものとされているが、しかし、明治・大正期の小説などでは、「全然〜である」とする肯定的な言い方が、しばしば見受けられるのである。

⑦　読点「、」の打ち方

(1)　「読みやすくするため」と「文の構造を明らかにするため」

　「読点」（「、」）[10]は、現代の文章作成にとって、きわめて重要な表現技法である。「読点」は、読んで字のごとく、読みやすくするために、「意味の切れ目」や「息（呼吸）の切れ目」に打つ点である。

　もともと、日本語には、「句読点」などは存在しなかったし、そもそも、文章を読み書きできるのは"学のある人"に限られていた

8）詳細は、岩淵編著・前掲『第三版悪文』133頁以下。
9）岩淵編著・前掲『第三版悪文』134頁。
10）「読点」は、「、」または「，」であるが、縦書きの場合もあるから、ここでは「、」に統一して表記する。
　なお、句読点は、縦書きでは「、」・「。」であり、横書きでは、欧米表記の「，」・「．」または従来の「、」・「。」のいずれも使われている。著者の好みであるから、どちらを使ってもよいであろう。

から、句読点なしでも、教養を積んだ人であれば、文章の意味を理解できたのである（ただし、日本語の源流である中国語では、古くから句読点法があったとされるが、その技法は、日本には伝わらなかった）。明治時代に入って学校制度が導入されると、文章は一般人にも身近なものとなった。その際、西欧の句読点（「,」・「.」）が日本語の表記にも導入され、独特の形として「、」・「。」となったように思われる。ただし、句読点が文章表現の一般的方法として整備されたのは、ずっと後のことであろう。

　ともあれ、「読点」は、元来は、「文章を読みやすくする」ために打つ記号であった。そして、「読みやすくする」というのは、複雑な文章では「文の構造を明らかにする」ということをも意味する。そこから、文章作成の場面では、読点の打ち方にも注意が注がれるようになり、特に法律系では、文章表現に起因する曖昧な解釈を避けるため、文を簡明にするための読点として関心が置かれるようになった。

　このように、「読点」は、①「読みやすくする」ためと、②「文の構造を明らかにする」ために打つものである [11]。そこで、この視点から、「読点」の打ち方について、いくつかの問題点を指摘しよう。

(2)　主語の後には読点「、」を打つ

(a)　「条文」と法律系論文

　法律の条文や法律系の論文では、主語の次に読点「、」を打つこ

---

11) なお、岩淵編著・前掲『第三版悪文』107頁以下は、句読点の連用中止法としての使い方を指摘しているが、それは文法的な解明であって、機能としては、「読みやすくするため」と「文の構造を明らかにするため」の2つに収斂されよう。

とが一般化している。私も、大学院生の論文指導では、この方法を
勧めている。主語の次に「、」を入れることにより、主語であるこ
とが明確となり、他の語句との関係も明らかになる上、複文におい
ては、複数の文章の主語を兼用することになる。特に、内容的に複
雑で難解な文章では、この方法は、有効である。

〔例 026〕　「相続人は、相続開始の時から、被相続人の財
産に属した一切の権利義務を承継する。」(民法 896 条本文)

〔例 027〕　(α)「人を殺した者は、死刑又は無期若しくは
5 年以上の懲役に処する。」(刑法 199 条)
(β)「公の秩序又は善良の風俗に反する行為は、無効とす
る。」(民法 90 条)

　ただし、〔例 026〕と〔例 027〕とでは、文法の違いに注意しなけ
ればならない。〔例 026〕の述語は「〔権利義務〕を承継する」とい
う他動詞であり、目的語は「権利義務」であるから、主語が「相続
人」であることに問題はないが、〔例 027〕(α)の述語は「〜に処
する」という他動詞であり、その目的語は「懲役」である。そうす
ると、「人を殺した者」(主語)が、「懲役に処する」ということは、
論理的にあり得ないことになる。しかし、もともとこの文章は、
「人を殺した者〔について〕は(＝目的語)、〔これを〕死刑又は無
期若しくは 5 年以上の懲役に処する。」という古い文の表現構造で
あって、〔　〕内の語句が省略されているのである(レトリックの一
つの方法)。したがって、「人を殺した者は、」は、主語ではなく目
的語である。また、主語については、「法は、」などの規範的上位概

念が省略されているものである。

　同様に、〔例027〕(β) も、「公の秩序又は善良の風俗に反する行為〔について〕は、_〔これを〕無効とする。」となる。このような表現は、文法的には誤りではなく、むしろ美文ともいえるのである。

(b)　複文・重文での主語兼用の場合

　「複文」(主・従の関係にある複数の文が含まれている文章) や「重文」(主・従の関係にはない複数の文が対等の関係で結合している文章) において、1つの文の主語が他の文の主語でもあるときは、最初の主語の後に読点「、」を打ち、主語を兼用させることが好ましい。

> 〔例028〕　「物権行為は、_債権関係を発生させるものではなく、物権の変動を直接に生じさせることを目的とする行為である。」

　この文章は、「債権関係を発生させるものではない」という文と、「物権の変動を直接に生じさせることを目的とする行為である」という文から成り立つ重文であり、しかも、そのいずれもの主語は、「物権行為」である。この場合、「物権行為とは債権関係を発生させるものではなく、」として、主語の後に読点を付けない文章が多く見られる。あるいは、人文系では普通かも知れない。もとより、文法的に誤りではなく、それでも十分に意味が通るが、しかし、社会科学系では、文の構造が一目瞭然となるから、例示のように読点を付した方がよい。

(3) ジャーナリズム系では特殊な打ち方

　主語の次に読点「、」を打つことは、法律など、学術系の文章に特有の表現であるかもしれない。ジャーナリストやマスメディアなどの文章では、主語の次にいきなり日時をいれ、その後に読点を打つ方法が普及しているし、むしろ、その方法が一般的であるともいえよう。

> 〔例029〕（〔例016〕の再掲）　「『セクハラ』騒動で前村長が辞職した宮城県大衡村長選は26日、新人で前村議会議長の萩原達雄氏（66）が、新人で前村議の赤間しづ江氏（67）を破り、初当選した。」

> 〔例030〕　「プロ野球の選手会は3日、大阪市で定期大会を開き、巨人の3人の選手による野球賭博問題についての経過報告を行いました。」（NHK-Newsweb 2015年12月3日）

> 〔例031〕　「ロシア南部チェチェン共和国のカディロフ首長は4日、過激派組織「イスラム国」が2日に公開した映像で、シリアで「ロシアのスパイ」を殺害したとされる人物が、西シベリア出身のロシア人だと確認した。交流サイトで発表した。」（jijicom 2015年12月4日）

　これらの文章のように、ジャーナリズム系では、主語の次に読点を打たずに日付を入れて読点を打つという表記が、多く見られるのである。いつごろから普及したのかはわからないが、ただ、「読点」は、(1)で既述したように、① 文の構造を明らかにするためのほ

か、② 読みやすくするためにも使われる。特に、後者②は、「息（呼吸）の切れ目」に打たれることが多い。おそらく、ジャーナリズム系文章は「話し言葉」と一体化しているから、その「口語」的表現として、主語の次に日付を入れ、その後に「読点」を打ってブレス（息継ぎ）を入れる、というリズミカルな方法が普及したのであろう。その結果、リズム感あふれる文章となっており、表現上の効果も大きいものといえよう。

　しかし、この方法は、社会科学系論文では、必ずしも適切ではない。難解な論理的展開を、構造的にも明確にする必要があるからである。

〔例 032〕　「北朝鮮が 7 日発射した事実上の長距離弾道ミサイルについて、韓国国防省の関係者は切り離された 1 段目が爆発し、ばらばらになって海に落ちたことを明らかにし、ミサイルの残骸が回収されないよう、故意に爆破したのではないかという見方も出ています。」（NHK Newsweb 2016 年 2 月 7 日）

　この例は、読点が「読み点」＝「息継ぎ点」ないし「筆休め」としてのみ使われている典型である。もちろん、文法的に誤りというわけではないが、単語や句の係り方は意識されていない（このような単純な内容であれば問題はないが、複雑で観念的な内容の場合には誤解が生じるかもしれない）。法律家は、文の構造にも注意して、次のように書くであろう。

〔例 032 の修正〕 「北朝鮮が 7 日発射した事実上の長距離弾道ミサイルについて、韓国国防省の関係者は、〔読点追加〕切り離された 1 段目が爆発し、ばらばらになって海に落ちたことを明らかにし、ミサイルの残骸が回収されないよう〓〔読点削除〕故意に爆破したのではないか、〔読点追加〕という見方も出ています。」

法律系の文章では、リズム感は必ずしも必要ではないので、文法的に簡明にし、主語の次に読点を打つなど、読点の打ち方にも注意を払ってほしい。

(4) 読点の打ち方の誤り！

「読点」は、上記のように、読みやすくするため、または文の構造を明らかにするために打つものである。しかし、読点の付け方によっては、意味が通らなくなったり、または、別の意味に解されることがある。読点の誤用である。いくつかの例を挙げよう。

〔例 033〕 「神戸市議会の会派『自民党神戸』が政務活動費から架空の調査委託費約 1120 万円を支出していたとされる問題で、問題の資金が 4 月の市議選前、会派の市議ら計 15 人に配られていた疑いのあることが、10 日分かった。
　資金は会派から出馬を予定していた 17 人分として準備され、受け取りを拒否するなどした 2 人を除き、大半が選挙戦に充てられた可能性があるという。
　委託を担当し、6 日に死去した大野一元市議（当時 62）の

代理人弁護士が、10日の記者会見で明らかにした。一方、最大会派『自民党』は同日、元市議と、委託先とされた業者の担当者について虚偽公文書作成・同行使容疑での告発状を兵庫県警に提出した。

　弁護士によると、大野元市議の生前、架空の委託で捻出した資金の使途を聞いたところ、市議選を控えた3月下旬に会派の市議や新人候補者らに『陣中見舞い』として配ったと説明。その後の調査で、市議と新人の2人を除く計15人が数十万〜100万円を受領していたことが裏付けられたという。」（日経新聞 Web 版 2015 年 8 月 11 日）

　問題は、アンダーラインの部分の「委託を担当し、」という読点である。アンダーラインの文章からは、「委託を担当」した者は、文の構造から、「代理人弁護士」に係るはずである。しかし、前後の文章からは、「委託を担当し」たのは「大野一元市議」でなければなないから、この読点の打ち方は正しくない。

　このように、「、」読点は、「係り方」を表すために使う場合には、「大きなひとまとまりの単語（名詞または名詞句）」に係るものであって、その使い方によっては、誤った意味に取られるおそれがある。

〔例 034〕　「パン屋だった父親が逮捕された時、コンスタンティノープルに住んでいたという、アルメニア人出版業者はハフポスト US 版にこう語った。」（The Huffington Post Japan（翻訳文）2015 年 4 月 25 日）

　この文章の構造（文法）からみれば、「逮捕された時」という従

属文は、「こう語った」に係るはずである。一般に、複文の従属文
に打たれた読点は、主文の主語・述語に係るからである。しかし、
前段の文章を省略しているのでわかりづらいかもしれないが、この
文章は、1915年の時を思い返し、「父親が逮捕された時にコンスタ
ンティノープルに住んでいた」ことを言っているのである。そうで
あれば、次のような文章にならなければならない。

> 〔例034の修正〕　「パン屋だった父親が逮捕された時〔読
> 点を削除〕コンスタンティノープルに住んでいたという〔読点を削除〕アルメニア人出版業者は、〔読点を追加〕ハ
> フポストUS版にこう語った。」

> 〔例035〕　「(a)〔いじめにより胸の骨を折る重傷を負った〕
> 男子生徒が病院に搬送される際に顧問の男性教諭が『階段
> から転んだことにしておけ』と、副顧問に嘘の説明をする
> よう指示をしたということです。
> 　(b) またこれを知った学校長は、男性教諭に暴行を加えた
> 男子部員の大会出場停止を命じたものの従わなかったとい
> うことです。
> 　(c) 教育委員会の調べに対し男性教諭は『警察に通報され
> 問題が大きくなると思った。隠す意図はなかった』と話し
> ているということです。」(Yahoo!- 毎日放送 2016年2月23日
> 配信)

〔例035〕で、(b)段落の文章を一読すれば、「学校長」(主語)
は、「男性教諭に暴行を加えた男子部員」に停止を命じた (述語)

が、「男子部員」はそれに従わなかった、と解するのが普通であろう。しかし、そうすると、上から読んできて（a）段落と意味がつながらない。そこで、それに続く（c）段落を読んで、やっと（b）段落の意味が、上記で理解したのとは全然違うことがわかった。すなわち、（b）段落は、「学校長は、男性教諭に〔対して〕、暴行を加えた男子部員の大会出場停止を命じたものの、〔男性教諭は〕それに従わなかった」ということである。明らかに、読点の打ち方の誤りである（この事件を報じた他のメディアはこのような誤りはしていない）。したがって、この場合には、アンダーラインの2つの読点が必要であろう。〔　〕内があればベター。

(5) 読点の欠如（打たなければ別の意味になる）

読点が必要なところで、打たれないために別の意味になるおそれがある例である。

〔例036〕　「米アリゾナ州のユーズリー・マウンテン公園で朝のハイキングを楽しんでいた23歳の男性がハチの大群に突然襲われ、搬送先の病院で死亡する騒ぎが28日までにあった。（中略）

一緒にいた友人らが地面に倒れ、体一面がハチだらけの被害者を助け出そうとしたが、ハチに邪魔されて、かなわなかったという。友人らはハチから逃げるため近くの手洗い所へ駆け込んでいた。」（CNN.jp 2016年5月28日）

この例では、「友人らが」の後に読点「、」を打って「友人らが、地面に倒れ」としないと、地面に倒れたのは「一緒にいた友人ら」

となろう。しかし、前後の文面から、地面に倒れたのは「被害者」と考えなければならないから、この読点は必要である。

　このように、読点の付け方一つで、意味がまったく異なってしまうので、注意が必要である。

(6)　副詞（副詞句）または接続詞の次に読点「、」を

　この点は筆者の好みであるが、「特に」、「元来」、「依然」などの副詞や、「しかし」などの接続詞の後には、読点「、」を付けることが好ましいと考えている。次のような理由からである。

　　i　連用修飾語と名詞の結合を避ける　　「依然〜」など、次に来る名詞が漢字の場合、連用修飾語である「依然」と、目的語である次の名詞とは、読点で区切った方が、視認的にも明確となる。性質の違う漢字だから、分けた方がよい。

　　ii　複文の双方に係る連用修飾語　　その副詞（副詞句）が、複文の両方に係る場合には、係り方を明確にするため、「読点」を付けるべきである。例えば、本書の「学術論文の文章は、別に、美文である必要もなければ、凝った文章である必要もない」（第1部 III 3 (1)（40頁））とした表現で、「別に」は、2つの文に係る副詞だが、読点を付けずに「別に美文で〜」としても2つの文に係ることは明白だから、読点は必要ないといえばそれまでだが、私は、読点を打って「別に、」とする表現を好んでいる。

　　iii　単独の接続詞　　他方、「しかし」、「あるいは」など、文章の最初に置かれて単独で用いられる接続詞は、読み手に一呼吸置かせる意味でも、次に読点「、」を打つべきであろう。読点は、読むリズムだけでなく、"そこにおいて、何かを"強調している意味もあるからである。

(7)　読点は書き手にとっては息継ぎ

　読点は、読者に対して「読みやすく」するためであるが、書き手は、あまりそのことを意識しないかもしれない。書き手は、息継ぎや筆休めのタイミングで、読点を打っていたフシがある。かつては、読点などはなかったのであるから、漢文の返り点（レ点）的な感覚で打っていたことも考えられるのである。上記した〔例016〕「『セクハラ』騒動で前村長が辞職した宮城県大衡村長選は26日、……」も、主語部の後に句点を打たないで日付の後に打つのは、呼吸的にも読みやすいのである。

　現在は、文章は、ワープロで書くことが普通だが、1980年頃までは、万年筆で書いていた。その際、ワープロのように速筆することができないこともあり、指にマメを作りながら万年筆を走らせていたから、当然、読点も多くなる。呼吸というか筆休めというか、読点は、規則もないから、適当に打たれていたのである。

　ところで、読点を多用し、わかりやすい文章を書いていたのは、鈴木禄弥博士（東北大学名誉教授）である。鈴木博士の著書などを読むと、その語句がどこにかかるかわからないくらい読点が多いが（息継ぎ的な読点である）、しかし、表現の技量もあって内容的には大変わかりやすい。手書き時代の良さが現れていたのである。

(8)　中国の句読点法

　日本語には、もともと句読点を付ける習慣はなかった。文字は"学がある人"が読むもので、彼らは、句読点がなくても読めたのである。日本の漢字は中国から移入したものであるから、中国語にも句読法はないのではないかと思っていたところ、中国には古くから句読点法があり、特に、中華人民共和国成立後は、「標点符号用

【常用標点符号用法簡表】[12]

名称	記号	使い方
句号	。	文末に使用する。
逗号	,	文中で間を空けるときに使う。
頓号	、	文中の語句を並列で取り上げるときに使う。
問号	?	疑問文・反語文の文末で使う。
嘆号	!	感嘆，強い語気，強い反語を表す。
分号	;	長い節を並べて示すときに使う。
冒号	:	次に発話内容が来るとき，後ろに説明を加えるときに使う。
引号	" " ' '	引用，発話文，重要な単語を囲う。
括号	（ ）	文中に注意書きを加えるときに使う。
破折号	——	前の語を説明するときに使う。
省略号	……	後ろを省略するときに使う。
連接号	-（長さは破折号より短い）	二つの単語をつなげて一つの意味単位にするときに使う。
間隔号	·	外国人名や固有名詞を分けるときに使う。
書名号	《 》〈 〉	本や雑誌などの名前に使う。
専名号	＿＿＿	人名・地名などの下に引くアンダーライン。
着重号	・・・・・	下点。日本の傍点（横書きでは上，縦書きでは右）と同じで，その語句を強調する。

法」が制定されて何回か改訂され、現在では、2011 年に発布されたものが最新だという。

　そこで、日本の用法とは若干異なるが、中国国家標准化管理委員会「標点符号用法」(2011) を元に作られた「常用標点符号用法簡表」を掲げよう。留学生にとっては、参考になろう。

8 接続詞と接続助詞

(1) 接続詞としての「が、」(単独用法)

「が、」が、単独に接続詞として使われる場合がある。というよりも、この用法を好んで使う作者がいるといったほうが正確であろう。この「が、」は、もともと、接続詞としての「だが」、「ところが」、「しかし」、「しかしながら」などの簡略形である。だが、それにとどまらず、簡略形である「が、」のインプレッションには、読者の注意を特に引きつけるという特別な効果がある(と私は考える)。

「が、」の用法で定評があるのは、佐藤幸治京都大学名誉教授である。

〔例 037〕 (*a*)「古典的なイギリスの議院内閣制は、国王(元首)と議会が対峙し、国王の任命にかかる内閣は議会(下院)の信任をうけていることをその在職要件とするとともに、国王は、下院解散権をもつという体制であった。<u>が、その後国王の権力は名目化し、内閣が政府の本体をなすに至り、専ら議会に多数を占める政党を基盤に政府が成立する議会優位型の統治体系が成立した。</u>」[13)]。

(*β*)「一度に多すぎる法科大学院が誕生したこと、法曹人口増員が予定したようにならなかったこと、法曹資格取得者の"就職難"が喧伝されたこと等々が重なって、法科大

---

12) 中国人留学生の翻訳・作成によるものであるが、筆者が、原文に合わせて「項目」を追加し、「名称」も原文どおりとしている。

13) 佐藤幸治『憲法〔新版〕』(1990・青林書院) 189 頁。

> 学院に対する批判も厳しいものがある。<u>が、</u>研究者教員と実務家教員とが協働して従来のわが国でみられなかった教育成果をあげている法科大学院は少なくない。」[14]。

　佐藤教授は、他方で、「だが、」、「しかし、」などの接続詞も多用されているから、「が、」の用法は、明らかにそれらの接続詞とは区別して使っているものである。その意味では、簡潔な表現でインプレッションを与えようとする論者の特徴的・個性的な用法であるといえる。

　また、接続詞の「が、」は、法律系とは反対に、人文系の文章や文学的な文章では多く見られ、作者のアイデンティティが感じ取れるものである。

　そこで本題に戻すと、接続詞としての「が、」は、社会科学系では一般的に熟した表現かというと、必ずしもそうではないように思う。そうであれば、小説などでは大いに使ってよいが、学術論文（修士論文・博士論文）や答案など、"判定"を前提とする文章作成では、判定者にこの表現を好まない人もいるかもしれないので、多用は控えたほうがいいであろう。もともと「だが、」、「しかし、」、「ところが、」などの簡略形なのであるから、それらを使えばいいだけであり、論文や答案で、表現上の特徴や個性を出す必要はないのである。

14） 佐藤幸治『立憲主義について－成立過程と現代』（2015・左右社）243頁。

(2) 接続助詞「〜であるが、……」

次に、問題なのが、接続助詞の「〜であるが、……」である。これは、「が、」が、他の語句と結合し、重文または複文において、接続助詞と使われる場合である。この接続助詞は、二つの事柄を結合するものであるが、しかし、係り方の関係によって、順接とも逆接ともとれ、二様ともとれたり、因果関係・論理関係もはっきりしないなど[15]、問題が多い。

したがって、法律で使われるべき語句ではない。法律の条文は、「一定の要件（原因）の下に一定の効果（結果）が生じる」とする〈要件・効果〉を基本とする文の構造であるから、曖昧な表現を可能とする接続助詞の「〜であるが、……」は、使われるべき余地はないといわなければならない。

ところが、2017 年の民法（債権法）改正では、民法 511 条 1 項と同 520 条の 10 の条文において、この接続助詞の「〜であるが、……」が使われているのである。

〔例 038〕 「差押えを受けた債権の第三債務者は、差押え後に取得した債権による相殺をもって差押債権者に対抗することはできないが、差押え前に取得した債権による相殺をもって対抗することができる。」（民法 511 条 1 項）

おそらく、民法（実定法）においてこの語句が使われたのは、初めてであろう。そして、「が、」で繋がれた前件と後件は、「差押え後に取得した債権では相殺ができないが、差押え前に取得した債権

---

[15] 岩淵編著・前掲『第三版悪文』23 頁・33 頁。なお、接続助詞「が、」の多様な機能については、同書 111 頁以下が詳しい。

では相殺ができる」といっているのだから、前件も後件も同じことを重複して言っているにすぎず、あえてこのような表現は必要でないのである。この問題については、既に拙著で指摘しておいたので、その箇所を転載して[16]、説明に代えよう。

【法律の条文の表現・用語について】　511条1項は、「〜が、…」という接続助詞が使われた重文ないし複文となっている。およそ民法（実定法）の中で、接続助詞「〜が、…」が使われているのは、この条文と520条の2だけであろう。

　この接続助詞「が、」というのは、二つの事柄（前件と後件）を結び付けるに際し、逆説的用法、並列的つなぎ、前置的又は補充的説明、既定の逆接条件などの場合使われ、「前件と後件との関係を表面にはっきり打ち出」さない曖昧な表現性を醸し出すための用語である（岩淵悦太郎編著『第三版悪文』111頁以下（「が、」の悪文の例を挙げている）参照）。

　実定法の条文は、プログラム規定や定義規定を除き、「一定の要件」があれば、「一定の効果」（権利の得喪変更）が生ずるという、「要件・効果」（原因・結果）を規定するものである。そこで、「要件」の部分の接続助詞は、通常、「〜の場合、」又は「〜のとき、」と厳格な表現になり、それに対応した「効果（権利の得喪変更）」が規定される。したがって、実定法規定では、原則として、このパターン以外の文章構成は不要なのである。

　このようなことであるから、法律の条文においては、曖

16）近江幸治『民法講義Ⅳ債権総論〔第4版〕』（2020・成文堂）311頁以下。

> 昧な用法である接続助詞「が、」を使うことは、極力避けなければならない。ちなみに、511 条は、前件も後件も同じことを言っているにすぎないのである。

(3) 独特な法律用語としての接続詞

法律の条文または法律系論文では、複雑な内容を的確に捉えて疑義を生じさせないため、接続詞の使い方にも一定の決まりがある。小型の六法全書の裏あたりにも書いてあるが、ここでは、頻繁に使われる接続詞の"独特の"[17]用法について、いくつかを取り上げよう。

(a) 並列の接続詞「及び・並びに」

i **単なる並列** 「及び」を用いる。ただし、語句が3つ以上並列する場合は、読点「、」でつなぎ、最後に「及び」を入れる。「及び」を繰り返さない（このことは以下同じ）。

ii **段階的並列** 一番小さい方に「及び」を用い、それ以上の段階には「並びに」を用いる。

(b) 選択的接続詞「又は・若しくは」

i **単一的選択** 単一的に用いられる場合は、「又は」を用いる。

ii **段階的選択** 選択の語句に段階がある場合は、小さい方に「若しくは」を用い、大きい方に「又は」を用いるが、選択の語

---

17) 「独特」だというのは、例えば、「並びに」は名詞と名詞を結ぶのに使われるが、法律では動詞を結ぶのに使われているなどの点であり、そこで、岩淵編著・前掲『第三版悪文』98 頁以下は、「これは、法律という専門の分野においてのみ言えることで、ふつうの現代日本語の文章として考えるならば、標準的でない。」として、違和感を唱えている。

句が三段階以上ある場合は、一番大きい接続にだけ「又は」を用い、それ以外は、「若しくは」を用いるのが慣例である[18]。

〔例039〕 「次の各号のいずれかに該当する者は、三年以下の懲役若しくは三百万円以下の罰金に処し、又はこれを併科する。

一 技術的保護手段の回避 (a) 若しくは技術的利用制限手段の回避を行うことをその機能とする装置（当該装置の部品一式であつて容易に組み立てることができるものを含む。）(b) 若しくは技術的保護手段の回避 (c) 若しくは技術的利用制限手段の回避を行うことをその機能とするプログラムの複製物を公衆に譲渡し、(d) 若しくは貸与し、公衆への譲渡 (e) 若しくは貸与の目的をもつて製造し、輸入し、(f) 若しくは所持し、(g) 若しくは公衆の使用に供し、又は当該プログラムを公衆送信し、(h) 若しくは送信可能化する行為（当該装置又は当該プログラムが当該機能以外の機能を併せて有する場合にあつては、著作権等を侵害する行為を技術的保護手段の回避により可能とし、又は第百十三条第六項の規定により著作権、出版権若しくは著作隣接権を侵害する行為とみなされる行為を技術的利用制限手段の回避により可能とする用途に供するために行うものに限る。）をした者」。（著作権法120条の2第1号）

18）『岩波セレクト六法』（岩波書店）など参照。

　「一」号のカッコ書きを除く本文には、「若しくは」が8つあり（(a)〜(h)）、「又は」が1つある。(a) が「技術的保護手段の回避」と「技術的利用制限手段の回避」を並列的につないで「(その回避）を行うことを機能とする装置」を修飾してA句を作り、次に、(c) は、(a) のくり返しだが、これによって「(回避を行うことを）機能とするプログラム（の複製物)」を修飾してB句を作り、(b) がこれを並列的につないでいる。そして、「装置」（A句）又は「プログラム」（B句）を「公衆に譲渡するか貸与」するかを (d) がつなぎ、(e) は公衆への譲渡と貸与をつないで、その「目的をもって製造し、輸入し所持する」ことを (f) がつなぎ、そのことと「公衆の使用に供し」を (g) がつないでいる。「又は」は、以上のことと、それ以後の文章をつなぐ大きな段落の接続詞である。(h) は、それ以後の接続。このようなつなぎ方がわかりやすいかは、国民の感想と国語学者の意見に委ねるほかはない。

　(c)　仮定的条件の接続詞「場合・とき・時」

　これらの接続詞は、法律の条文や法律系の文章では頻繁に使われる重要な用語である。いずれも連体修飾語を受け、その内容である状況（動作・作用・状態・性質など）を仮定的条件として、本文につなげる接続詞用法の名詞である。

　これらは、同じ意味・用法であるから、どちらを使ってもかまわない。「〜それは、『時と場合』によりけりだ！」などと使われることからも、わかるであろう。ただし、元々の意味は、「場合」は「状況」の限定であり、「とき」は「時間」の限定であった。しかし、法律的な文章では、一応、次のような区別基準で使われるのが一般である。

　i　1つの連体修飾語を受ける場合は「〜とき、」　　法律の

条文では、単純に1つの連体修飾語を受ける場合（1つの仮定的条件の場合）は、「～とき、」が使われ、「～場合、」は使われない。

〔例040〕 「当事者の一方がその解除権を行使したときは、各当事者は、その相手方を原状に復させる義務を負う。」（民法545条1項本文）。

　ただし、これは、法律の条文での使われ方であるから、一般人が普通の文章で使う場合には、それにとらわれることはない。両者は、共に同じ用法であり、意味も変わらないからである。むしろ、「～場合、」の方が一般化した用法ではないであろうか。
　ⅱ　同一文章内では同じ言葉を繰り返さない　「場合」も「とき」も、同一文章内では、同一の単語としては繰り返さない。もちろん、繰り返してもいいのだが、レトリックの問題である。
　そこで、二つの条件が設定される場合には、原則として、大きい条件に「場合」が用いられ、小さい条件に「とき」が用いられる（例、「～である場合において、……であるときは、」）。

〔例041〕 「AがBとの契約を解除した場合において、Bが既に目的物をCに転売していたときは、AがCから目的物を取り戻すことができるかどうかは問題であろう。」

〔例042〕 「当事者の一方がその債務を履行しない場合において、相手方が相当の期間を定めてその履行の催告をし、その期間内に履行がないときは、相手方は、契約の解除をすることができる。（民法541条1項）」。

　ただし、「〜とき、」によって時間的限定を行い、その中で、各場合（ケース）に分ける必要がある場合には、逆の使い方でもかまわない。他方において、ある仮定的前提の中で、同様に各場合を説明する際は、当然ながら、逆の使い方になる。

　　iii　「とき」と「時」の峻別　　古くは、連体修飾語を受ける接続句としては、漢字の「時」が使われていた。しかし、近時は、当該漢字の本来的な意味で使われる場合は「漢字」を、本来的な意味が薄れて接続詞的・副詞的・助詞的に使われる場合は、「ひらがな」で表記するのが一般化してきた。現在は、時間的意味が失われ、「接続句」として使われる場合には、「とき、」が使われる。

　また、時間・時期を限定して条件とするときは、漢字の「時」を用いる。

(4)　比較形式で「AとB」か「AかBか」か

　この表記は、見出しや本文の中において、自分が仮定的設例を設定し、それを元に論述していくという表現方法である。専門の論文の中でも、よく見られる手法である。ちなみに、本節の見出しでも、上記 5 (1) では「主語を受ける助詞『は』と『が』」とし、後掲 10 では「『漢字』表記か『ひらがな』表記か」として、使い分けをしている（どちらでもいい、といえばそれまでだが）。

　これは、前者「AとB」では、単に事物を並列してその差異や特徴を論じようとしているのに対し、後者「AかBか」では、読者にその答えや判断を訊ねるという形式をとることによって、読者に考えさせる効果をねらった表現方法である。本書では、10 の問題は、法律系で一般に関心が高いであろうから、あえてその形式の見出しとしたわけである。

(5) 接続詞（単独用法）の次に読点「、」を打つ

「しかし」、「あるいは」、「他方・一方」など、文章の最初に置かれ、単独で用いられる接続詞は、その次に読点「、」を打つべきであろう。接続詞後に打つ読点は、読み手に一呼吸置かせる意味もあり、また、「そこにおいて、何かを」強調している意味もあるからである。

⑨ 括弧（カッコ）の使い方

(1) カッコ（括弧）の種類

「カッコ」には、いくつかの種類があり、慣用的にそれぞれの使い方がある。

① 鉤カッコ「 」　「引用」又は「語句の強調」若しくは"いわゆる"の意味として使われる。

② 丸カッコ（ ）　一般に、「注」または補足説明として使われる。

③ 半カッコ ）　見出しで使われる。

④ 隅付きカッコ【 】、亀甲カッコ〔 〕、角カッコ［ ］　主に、書き手の特記として使われる。

⑤ 山カッコ《 》・〈 〉・< >　使い方が特に定まってはいないが、筆者に好みで、語句の強調として使われる。

⑥ 波カッコ｛ ｝　主に、理数系などで使われる。

ここでは、論文執筆の上で重要な、①の「引用」の表記としての鉤カッコと、②の「注」の表記としての丸カッコについて、説明する。なお、これらにつき、「引用と参照との関係」と「注の付け方」に関しては、「引用」の方法（ノウ・ハウ）であるから、後掲 第4部

Ⅰ「研究上の決まりごと」Ⅱ「『引用の自由』と『制限』」で述べる。

(2)　「引用」の表記としての鉤カッコ「　」

(a)　「　」（一重鉤カッコ）

　これは、「引用」又は語句の「強調」若しくは"いわゆる"の意味で使われる。すなわち、(α) 第1は、文献の文章を直接引用する場合である。その際、引用文中に既に「　」が使ってあれば、それを『　』（二重鉤カッコ）に変換して表記する。直接引用であるから、文章の誤記には注意しなければならない。(β) 第2は、引用論文の標題を表記する場合である。なお、中国では、この場合に慣例で二重鉤カッコ『　』が使われているが、自国の慣行であるから、問題はない。(γ) 第3は、一般化していない著者の独特の概念や、特異的に使われる用語につき、"いわゆる"という意味でカギカッコが使われる場合である。

(b)　『　』（二重鉤カッコ）

　上記 (α) の鉤カッコ内の鉤カッコの変換の場合のほか、(β) の文献表記における単行本の題名を表す場合に用いられる。論文と単行本との区別をはっきりさせるためである。

(3)　「注」の表記としての丸カッコ（　）

　一般に使われる丸カッコ（　）は、もはや説明はいらないであろうが、前の語句、節または文の解説（注）として使われるものである。丸カッコの使い方も善し悪しがあるが、文中カッコの場合には、特に、2つのこと──① カッコを多用しないことと、② カッコ内の長文記述を避けること、に注意すべきである。

　前に触れたように、日本では、関係文や間接話法が発達しなかっ

たため、丸カッコが代用されていることは否めず、また、多用され
てもやむを得ないところがある。しかし、カッコが多用された場
合、どこまでがカッコ内なのか、本文はどこなのか、を探さなけれ
ばならないから、いらぬ神経を使うことになる。私が『民法講義』
で「割り注」（文章を小文字で2段に組む注）を使っているのは、本
文と注とを視認的に明らかにし、本文だけを目で追えるようにとの
配慮からである（後掲 第4部 Ⅰ 6 (5) (d)（165頁）参照）。

　そこで、少なくとも、多重的な"入れ籠"構造になるカッコの使
い方だけはやめてほしい。法律の条文には、信じられないような多
重カッコや入れ籠カッコが見られる。例として、難解きわまりない
法律の条文を掲げよう。「特定電気通信役務提供者の損害賠償責任
の制限及び発信者情報の開示に関する法律第四条第一項の発信者情
報を定める省令（平成14年）」である。

〔例043〕　「特定電気通信役務提供者の損害賠償責任の制
限及び発信者情報の開示に関する法律第四条第一項 に規定
する侵害情報の発信者の特定に資する情報であって総務省
令で定めるものは、次のとおりとする。〈中略〉
五　侵害情報に係る携帯電話端末又は PHS 端末 (a)-1 （以下
「携帯電話端末等」という。）からのインターネット接続サー
ビス利用者識別符号 (a)-2 （携帯電話端末等からのインター
ネット接続サービス (b)-1 （利用者の電気通信設備と接続される
一端が無線により構成される端末系伝送路設備 (c)-1 （端末設備
(d)-1 （電気通信事業法第五十二条第一項に規定する端末設備を
いう。）又は自営電気通信設備 (d)-2 （同法第七十条第一項に規定

する自営電気通信設備をいう。）と接続される伝送路設備をいう。）のうちその一端がブラウザを搭載した携帯電話端末等と接続されるもの及び当該ブラウザを用いてインターネットへの接続を可能とする電気通信役務 (c)-2（同法第二条第三号 に規定する電気通信役務をいう。）をいう。以下同じ。）の利用者をインターネットにおいて識別するために、当該サービスを提供する電気通信事業者 (b)-2（同法第二条第五号 に規定する電気通信事業者をいう。以下同じ。）により割り当てられる文字、番号、記号その他の符号であって、電気通信 (b)-3（同法第二条第一号に規定する電気通信をいう。）により送信されるものをいう。以下同じ。）」
〔多少なりともわかりやすくするため、記号と各種のアンダーラインは筆者が付記〕

　上記の第五号の本文は、「侵害情報に係る携帯電話端末又はPHS端末からのインターネット接続サービス利用者識別符号」という単純な語句にすぎない。ところが、カッコが9つも使われ、しかも、四重の入れ籠構造になっているのである。(a)-1 と (a)-2 は並列、(a)-2 の中に、(b)-1、(b)-2、(b)-3 とがあり、(b)-1 の中に (c)-1 と (c)-2 があり、さらに (c)-1 の中に (d)-1 と (d)-2 とが並列しているというもので、これを一読して普通の国民が理解できるであろうか。

　もう一つ、入れ籠構造のカッコで、わかりづらい法律の条文である。

〔例044〕　「次の各号のいずれかに該当する者は、五年以下の懲役若しくは五百万円以下の罰金に処し、又はこれを併科する。

　　五　侵害著作物等利用容易化プログラムの公衆への提供等を行つた者（当該公衆への提供等のために用いられているウェブサイト等とそれ以外の相当数のウェブサイト等とを包括しているウェブサイト等又は当該侵害著作物等利用容易化プログラム及び侵害著作物等利用容易化プログラム以外の相当数のプログラムの公衆への提供等のために用いられているウェブサイト等において、単に当該侵害著作物等利用容易化プログラムの公衆への提供等の機会を提供したに過ぎない者（著作権者等からの当該侵害著作物等利用容易化プログラムにより提供されている侵害送信元識別符号等の削除に関する請求に正当な理由なく応じない状態が相当期間にわたり継続していたことその他の著作権者等の利益を不当に害すると認められる特別な事情がある場合を<u>除く。</u>）<u>を除く。</u>）」（著作権法 119 条 2 項 5 号）

　「侵害著作物等利用容易化プログラムの公衆への提供等を行つた者」を処罰するとする条文であり、その例外をカッコ形式で規定したものである（本号は 2020 年改正で追加）。この例外を、何と 8 行（300 字以上）に渡って規定しているほか、カッコ内で二重の例外構造をとっているのも問題であろう（末尾の「〜を除く。」…を除く。」）。日本語としても、決してわかりやすい表現ではない。従来は、処罰の対象者を掲げた上で、「ただし、〜はこの限りでない。」とし、例

外はただし書で摘示するのが一般であったろう。研究者は、せめて自分が執筆する論文では、カッコの使いすぎは、避けるべきであろう。

(4)　丸カッコ内で句点「。」は必要か

　上記したように、丸カッコ（　）は、通常、前の語句や文を説明するために使われる。その際、カッコ内において、説明する語句の最後に句点「。」は必要であろうか。

> 〔例045〕　**民法の条文**「第七百三条　法律上の原因なく他人の財産又は労務によって利益を受け、そのために他人に損失を及ぼした者(以下この章において「受益者」という。)は、その利益の存する限度において、これを返還する義務を負う。」（2004年の民法現代語化でアンダーライン文を追加）。

　問題は、この文章のカッコ内の「…という。」に打たれた句点「。」が必要か否かである。句点は、文章の終わりを示すために打つ記号である。（　）内で複数の文があれば、前の文章の終わりに句点を打つのは当然である（例えば、民法10条「第7条に規定する原因が消滅したときは、家庭裁判所は、本人、配偶者、四親等内の親族、後見人(未成年後見人及び成年後見人をいう。以下同じ。)……の請求により、後見開始の審判を取り消さなければならない。」）。しかし、（　）は、前の語句・文を説明する限定記号なのであるから、（　）内の語句や文については、文の終わりを示す記号などは必要ない。これが一般的感覚であって、現在の法律学者は、おしなべてそのような使い方をしている。

　ところが、法律の条文表記が上記のように句点を打つようになったものだから、法律系の論文でもカッコ内の最後に句点を打つものが散見されるのである。しかし、私は、カッコ記号の意味を考えれば、カッコ内で語句の最後に句点を打つことなどは、まったく必要ないと考える。

　ただし、段落などの最後に、付け足し的にカッコ付文章で補足を加える場合があるが、これは別であり、正当な使い方である。

> 〔例046〕　「……彼らと同程度に漠然と語れば、倫理学者系統の正義論者は、国民の間での所得や富、もっと率直に言って、お金の分配を問題にしているのである。(効用や「潜在能力」の分配も問題とされている、などといった異論は、目下の文脈では取り上げる必要はない。)」[19]

　この場合の（　）は、最後に付け加えられた別の文章であり、必ずしも直前の文と直接的な関係をもつものでないから、必要な句点である。

10　「漢字」表記か「ひらがな」表記か

(1)　「常用漢字」が基準

　日本国民が一般的に使う漢字として、1946年（昭和21年）に「当用漢字」が策定され、それが1981年（昭和56年）に「常用漢字」に改訂されて（それ以降も改訂されている）、現在の「漢字」使用の

---

[19]　亀本洋『ロールズとデザート─現代正義論の一断面─』（2015・成文堂）70頁から。

一般的基準となっている。新聞などのマスコミや出版社の編集部でも、常用漢字を基準として「漢字」と「かな」を使い分けている。したがって、<u>「常用漢字」でない漢字は、一般的には、「ひらがな」表記</u>となる。

　法律の条文も、新たに制定された場合はもちろん、改正された場合にも、常用漢字の使用が基準となっている。例えば、「看做す」が「みなす」へと、ひらがな表記になった。

> 〔例047〕　　(α)「胎児ハ損害賠償ノ請求権ニ付テハ既ニ生マレタルモノト<u>看做ス</u>」（民法旧規定721条）。が、改正では、(β)「胎児は、損害賠償の請求権については、既に生まれたものと<u>みなす</u>。」となった（現民法721条。2004年現代語化）。

(2)　動詞は、本来的用法では「漢字」、観念的用法では「ひらがな」

　「動詞」は、本来的に、主体の動作や状態などを表す述語であるが、これが、本来的な意味から離れて観念的に使われることが多い（動詞の観念的用法）。この場合、<u>本来的な用法では「漢字」</u>を使い、本来的意味が希薄化した<u>観念的用法では「ひらがな」</u>で使うのが標準である。ただし、これは一応の標準であるから、筆者の好みによって漢字を使ってもかまわない。

> 〔例048〕　　(α)「見る」につき、本来的な物理的意味で使う場合は「見る」、"思う"という意味で使う場合は「みる」。
> 　(β)「持つ」につき、同様に、物理的概念の用法では「持

つ」、「この言葉は別の意味をもっている」など観念的用法
では「もつ」。

(3) 接続詞や副詞は「ひらがな」表記

　近時は、接続詞や副詞は、「漢字」表記ではなく、「ひらがな」表
記にするのが標準である。もっとも、この点も、書き手の好みとも
いえるが。

〔例 049〕　「したがって」（←従って）、「ただし」（←但し）、
「ひるがえって」（←翻って）、「もっとも」（←尤も）、「ちな
みに」（←因みに）、「さらに」（←更に）、「〜のとおり」（←通
り）、など

(4) 慣用的な用法は例外

　接続詞や副詞で、慣習的に漢字が使われる場合がある。次の 2 例
があろう。

〔例 050〕　　接続詞の「次に、」（「つぎに、」のどちらでもよ
い）、「特に」（接続詞的用法でも副詞的用法でも）、副詞的用法
の「最も」などは、漢字でもひらがなでも、どちらでもよい。

〔例 051〕　　法律の条文では、上記（2）・（3）などの用法で
は「ひらがな」表記に移行しているが、「既に」、「又は」、
「若しくは」、「並びに」、「及び」などの接続詞は、依然、慣

用的に漢字表記である。しかし、論文などでは、条文表記
に倣う必要はない。

11 「付」と「附」

　ついでながら、文法とは関係ないが、漢字の「付」と「附」につ
いて触れよう。この単語については、かつては「附」が統一的に使
われていたが（いわゆる "旧字体" の時代）、その後、民法について
いえば、2004 年の改正（現代語化）により、両者は峻別されて使わ
れるようになった。しかし、現在は、両者はまったく同じものとし
て解され、むしろ、「附」に代わって「付」が使われているのであ
る（法律系の論文でもそうである）。ただし、法律の条文では、峻別
されて使われている。

> 〔例 052〕　（α）「不動産ノ所有者ハ其不動産ノ従トシテ之
> 二附合シタル物ノ所有権ヲ取得ス但権原二因リテ其物ヲ附
> 属セシメタル他人ノ権利ヲ妨ケス」2004 年改正前の 242 条）。
> 　（β）「不動産の所有者は、その不動産の従として付合し
> た物の所有権を取得する。ただし、権原によってその物を
> 附属させた他人の権利を妨げない。」（2004 年改正後の 242 条）。

　2004 年改正前においては、「附合」、「附属」のいずれの場合も
「附」が使われていたが（（α））、2004 年改正後では、「付合」と
「附属」が峻別されて使われている（（β））。

〔例 053〕 （α）「抵当権ハ抵当地ノ上ニ存スル建物ヲ除ク外其目的タル不動産ニ附加シテ之ト一体ヲ成シタル物ニ及フ」（2004 年改正前の民法 370 条本文）。

（β）「抵当権は、抵当地の上に存する建物を除き、その目的である不動産に付加して一体となっている物に及ぶ。」（2004 年改正後の民法 370 条本文）。

民法 370 条についても、2004 年の改正前は、「附加」であったが（①）、改正後は、「付加」の用語に変更になっている（②）。

〔例 054〕 （α）「登記所は、法務省で定めるところにより、地番を付すべき区域を定め、一筆の土地ごとに地番を付さなければならない。」（改正不動産登記法 35 条）

（β）「附属建物 表題登記がある建物に附属する建物であって、当該表題登記がある建物と一体のものとして一個の建物として登記されるものをいう。」（同法 2 条 23 号）

2004 年改正の不動産登記法でも、上記〔例 054〕（α）・（β）のように、「付」と「附」が峻別されている。

以上のように、法律の条文では、世間の用法に反し、かつ従来「附」が一般的に使われてきた場面でも、これを「付」と「附」を分けたのである。もともと、「付」というのは、「つける・手渡す」という場面で使われた（他動詞的）のに対し、「附」というのは、「つく・加える」という場面で使われた（自動詞的）ものであるが、後に混用されたといわれる[20]。しかし、現在ではまったく混同し、

---

[20] 山口明穂・竹田晃編『岩波漢語辞典』。

しかも「付」が一般に使われているのであるから、これをあえて峻別する必要もないものと思われる。ただし、条文を「引用」する場合は別であるから、条文の表記どおりに引用しなければならない。

12 美しい日本語としてのレトリック（まとめ）

　以上、特に社会科学系の論文作成に当たって、必須の表現方法を示してきた。そこで、最後に、"簡潔でわかりやすい"文章を作成するレトリックとして、私が手本としてきた2つの手引き書の中から、その要点を紹介しよう。ただし、ここでは、要点の項目だけをピックアップするにすぎないから、内容については原物にあたってほしい。

(1) 岩淵悦太郎編著『第三版 悪文』（1979・初版 1960・日本評論社）

　本書は、国立国語研究所の所長であった故岩淵悦太郎氏が編集したもので、正確な日本語の表現方法が、悪文の例と共に明快に示されている。私は、高校以来、文章作成の手本としてきたもので、内容的にも信頼のおける手引書である。本書は、「悪文をさけるための五十か条」（225頁以下）を掲げているが、ここでは、本稿の視点からこれを絞り、以下の16項目とした（語句は修正）。

① 長すぎる文は、適切に区切る。
② 1つの文の中に、2つ以上の違った事項を盛り込まない。
③ 主語と述語との照応関係をはっきりさせる。特に、述語を抜かさないようにする。
④ 主語と述語との間は、なるべく近くする。

⑤　文の途中で主語を変えるときは、その主語を省略してはいけない。

⑥　並列の場合は、何と何とが並列するかをはっきりさせる。

⑦　同じ形で同じ意味の助詞を、2つ以上1つの文中に使わない。

⑧　必要な助詞を落とさない。

⑨　副詞の呼応を明確にする。

⑩　修飾語と修飾される語とは、なるべく近くにおく。

⑪　修飾語のかかっていく先をはっきりさせる。

⑫　長すぎる修飾語を付けない。

⑬　修飾語が長くなるときは、別の文にする。

⑭　文と文との接続には、接続詞や指示詞をうまく使う。

⑮　接続助詞の「が」は、安易な使い方にならないよう注意する。

⑯　意味の重複した表現や、あいまいな用語を整理する。

(2)　篠田義明著『ビジネス文完全マスター術』（2003・角川 GP）

　執筆者の篠田義明早稲田大学名誉教授は、英語のライティング指導の専門家であり（「早稲田大学・ミシガン大学テクニカルライティング（TEP Test）検定試験」運営委員長を歴任）、法学研究科でも、海外リサーチおよび海外ワークショップに参加する学生には、教授のライティング講座（英語論文の書き方と添削）を必須科目として受講させている。本書は、日本語による「ビジネス文章」の作成方法を論じたものである。そこで、「ビジネス文書のまとめ方」という視点から、同書の第1章、第2章、第5章の「目次」の中から、本稿の目的に沿った項目をピックアップしよう。

（a）　要領よくまとめるための基本

① 　気を配りたい論理構成——なぜひとりよがりの文章になってしまうのか。

② 　もう一度見直したい日本語文法——読み手を混乱させないために。

（b）　要領よくまとめるための準備のコツ

① 　書く前に、構想をどう練るか。

② 　まずは、「目的」をはっきりさせる。

③ 　わかりやすい文章は、データで決まる。

④ 　箇条書きにしたものをチャート化してみる。

⑤ 　"自明の理"には要注意。

（c）　ちょっとした手抜きが文章全体をダメにする

① 　書いたら、必ず読み返す習慣をつけておく。

② 　「もの」や「こと」は、明確な語に置き換える。

③ 　「など」は、必要最小限にとどめる。

④ 　「〜的」「〜性」という言葉は、できるだけ除く。

⑤ 　読点は、必要と思えるところに打つ。

⑥ 　「6W1H」で内容を確認する。

⑦ 　読み返すとき、「だから、どうした」と考えてみる。

第3部　レポート・小論文・答案の書き方

　この項目は、上記で述べてきた学術論文の作法とは、若干その趣旨が異なる。学部や大学院の授業では、必ずといってよいほど、レポートや答案の書き方についての質問がある。また、ロースクール入試でのステートメントや就職の際のエントリーシートの書き方については、学生が一番関心を持っているところである。要するに、「文章の書き方」を含めて、全体的にどのように仕上げるか、である。

　これまで、私は、ゼミナールや少人数の教室で、「小論文・答案の書き方」と題する数ページのペーパーを配布して、学生を指導してきたが、今回本書を上梓するに際して、レポート・小論文・答案などは、学術論文とは違うが、「構成」および「文章による表現」という点では共通性があるので、併せて収録することにした。

1　レポート・小論文・答案の特殊性

　「レポート」、「小論文」及び「答案」は、形式的に考えても、学術論文やリサーチペーパーと同じではない。これらは、内容からしても、まったく別物といったほうがいいかも知れない。しかし、"与えられた課題"に対して、一定の「時間的制約」の中で、「文

章」によって表現し、それが「評価の対象」となる、という点では
共通性をもっていよう。このようなことから、中学校や高等学校で
も、教育科目の一つとして、書き方の手順などが教えられてきたの
である。

　ただ、これらは、それぞれの目的をもった別物であるから、その
点を明らかにした上で、共通する課題である「時間的制約の中での
文章による表現」の方法を考えよう。

(1) それぞれの特徴

(a) レポート

「レポート」は、主に、ある特定の「課題」について、それを調
査・研究し、その結果として提出するものである。「課題」は、与
えられるのが一般であろうが、執筆者が任意に決めてもよい場合も
なくはない。

　大学のゼミナールでは、年間スケジュールで報告者を決めてお
き、報告した後で報告者に当該テーマ（論題）につき「レポート」
を提出させるという方法が採られよう。これは、報告者が、そのテー
マに関してどれだけ勉強して報告したのかを判断するもので、成
績評価の一環である。

　他方、企業では、特定のプロジェクト（事業）につき、各社員の
意見を求めるために「レポート」を作成させることがある。現況を
調査報告させて営業方針を決定・変更したり、また、将来的な事業
の展開について、広く社員から意見を求める、などで見られよう。

　提出期間は限定されるが、字数制限はないか、あっても緩やかな
ようである。なお、リサーチペーパーも日本語訳では「調査報告
書」ということになり、概念上レポートと重なる要素があるが、既

述したように（第1部 I 4 (12頁)）、リサーチペーパーは、「修士論文と同等かそれに代わるもの」とされているから、形式・内容において両者は異なる。

（b）　小論文

「小論文」は、大学や大学院の入試（あるいは AO 入試）で要求されるステートメント、入社試験でのエントリーシートなどがその典型である（上記の会社部内レポートなども小論文ということがあるが、両者は区別がつかないのが現状なので、本書ではこの点は深く立ち入らない。両者の区別は、名称というよりも、実際において、どのような目的の下に利用されているか、から判断するほかはない）。

大学入試では、社会問題から選んだ課題が与えられて 1000 字くらいで論述し、大学院入試では、特定の専門領域から選択された課題につき一定の字数で論述する、などがその例である。

次掲の「答案」との比較では、「論題」（テーマ）が執筆以前から決定しているため、ある程度の時間的な余裕があるので、参考文献や資料を参照しながら、論文を完成することができる。ただ、テーマが執筆以前に決定しているといっても、厳密には、「あらかじめ与えられている場合」と「みずから決定する場合」とがあろう。

　　i　テーマが「あらかじめ与えられている場合」　　この場合では、おそらく、当該テーマについて、本人がどのような見識をもっているか、それについて、それまでの勉学段階に応じて（高校レベル、大学レベル、大学院レベル）どの程度の蓄積量があるか、などが判断されよう。この点では、他の人との比較で判断されることになる。

　　ii　テーマを「みずから決定する場合」　　他方、この場合には、自分が関心を持っているテーマを論述することになるから、

"なぜそのテーマを選んだか" が最も重要な視点となり、それについて、どのような結論（考え方）をもっており、そのためにどのように論理を展開しているか、が判断されることになる。この点については、他人との同一の土俵で比較されるわけではない。

しかし、いずれにせよ、小論文は、答案と比較した場合には、"時間的余裕" があることは確かであり、したがって、資料収集や理解度などでは他と差がつくことは少ない。しかし、それだけに、文章による "表現力" では歴然とした差が出ることがあるのである。

(c) 答 案

「答案」は、試験場において、"突如として与えられたテーマ" につき、"即答" させるものである。そして、答案の機能は、① 答案の善し悪しが自分の能力に対する評価につながること、② その評価が、多くの場合、他との競争になること、である。

したがって、「即答」しなければならないから、即座の判断力が要求されると共に、制限された時間内で問題点を正確に把握することが最も重要である。そして、それを前提に、これまで学習した内容の理解力と勉強量も試されるのである。

さらに、答案は、現時点では、"手書き" である。このため、書かれた文字については、きれいな字からかなり判読が困難な字まで、実に多様である（140頁「答案」参照）。リアリズム（現実直視主義）流に考えれば、採点者も人間であるから、そのインプレッションを受けないとはいえない。そこで、答案では、次の点が肝要である。

① 字は "丁寧に" 書くこと（採点者がスムーズに読めるかどうかの問題）。

② 訂正を出来るだけ少なくするため、文章を書き始める前に、

何をどう書くかを十分に考えること（訂正だらけの文はかなり判読困難になる）。

③ 訂正は、きちんと二本線を入れ、新しい文字をわかるように書き入れること。

(2) レポート・小論文・答案の共通性

(a) 共通性――"与えられた課題"に対する「解答」

これらには、上記のように、多くの相違点が見られるものの、「文章によって表現する」という視点から総括すれば、次のような共通性をもっている。

① 特定の論題が既に決定されていること。

② 限定された時間の中で、その論題に対して、文章によって自分の態度を表現しなければならないこと。

③ 文章による表現が、自分の能力に対する評価につながっていること。

④ その評価が、多くの場合は他との競争になること。

(b) 《評価対象》としての「文章」

「文章」は、"自分（の能力）に対する評価"の対象そのものである。これは、「頭の中で考えたこと」に対する評価ではなく、その人が書き表した「文章」に対する評価であるから、その意味では、間接的な評価である。したがって、その人の思考論理がいくら優秀であっても、文章力が下手であれば、当然に評価は低くなる。

このことは、学術論文でも同じことではあるが、特に小論文や答案では、一定の時間内に自分の見解を文章によって表現しなければならないから、「短時間内に、結論を見い出し、論理を構成し、妥当な結論を導く」という時間との闘い中で、洗練された技術力と表

現力が求められる。およそ「試験」とは、このような間接的な評価なのである。

　だとすれば、受験者側でも、当然に、それに対する“対応”を考えなければならない。要するに、“文章による表現力”の技術である。これについては、すでに詳しく論じたが（第2部「文章の書き方」(59頁以下)）、答案に特化して後に述べる。

2　何が問われているのか──問題点の正確な把握

　この項目では、特に「答案」を念頭に置くが、“テーマが決定された後”の文章による表現という点では、レポート・小論文にも共通するところがあるので、適宜、応用性を考えてほしい。

(1)　“問われていること”を解明する

(a)　「出題の意図」を探る

　最初に、テーマがすでに課されているのであるから、その<u>出題者の「意図」を探る</u>ことである。この「意図」とは、結論ではなく、「何が（または、どこが）法律的に問題となっているのか」という、《論点》の解明である。出題者は、明らかに、“何か”を意図して出題しているはずである。答案においては、すでに講義で扱った範囲から出題されるので、講義に出席していれば、おのずとわかるであろう。各種資格試験や小論文においては、現代的なトピック（法律学では、最近の判例や立法の動きなど）が重要な鍵となる。

(b)　「論点」を正確に解明する

　この点は、特に重要である。この<u>《論点の解明》が不正確だと</u>「的はずれな答え」となる。「的はずれな答え」とは、何らかの勘違

いをして、論点とは別のことを答えることである。これでは、いくらその内容が立派であっても、別の論点なのであるから、"与えられた課題"に答えていないことになり、評価の対象とはならない。

　このような"勘違い答案"は、毎年何名かは出るが、得々と論述する優秀なものが多いだけに、残念である（なお、"勘違い答案"とは、ヤマが外れたのでヤマを張った別問を論じるという不埒な答案では決してない！）。

　小論文・答案作成の全プロセスにおいては、《論点の解明》には最も神経を注がなければならない。

(2)　《論点の解明》の具体的作業

(a)　問題の形式・文言等を注意深く読むこと

「論点の解明」の第1の作業は、<u>問題の形式・文言等を注意深く読む</u>ことである。出題の形式は問題によって異なるが、出題者の意図は、出題形式と設問の文言に必ず存在しているはずである。そうであれば、その文言の中に含まれているヒントないしキーワードを発見しなければならない。この出題意図の解明を間違うと、「的はずれな答え」になることが多いから、注意を要する。

(b)　自分の学習の成果が問われている

　第2の作業は、<u>これまで自分が学習して習得してきた知識を駆使</u>して行うことである。答案では、自分の習得した「知識」（大学の授業であればその講義内容）以外のことを問われることはないし、小論文でも、対象者に格段の知識を要求することはまずない。自分の知識にないことを問われたと感じるならば、それは、原則的に勉強不足を意味していよう。小論文などでよく課題とされる時事問題についても、経済問題、政治問題、社会問題などに関して、現在的に

問題となっている事象か、または、それらの領域での基本的な事柄以外は問われないと思ってよい。

(3)　問題点の整理（文章表現の前段階）

(a)　問題点の整理

問われている問題について、文章で表現する前に、従来の議論はどうなっていたかなど、学説の対応や判例の立場について、自分の知識をきちんと整理しておかなければならない。この点が明快になっていないと、次の段階での「論理の構成」がスムーズに展開されない。

そこで、そのためには、単に頭の中で考えをめぐらすよりも、重要な理論やキーワードなどを、設問ペーパーの欄外にでもメモしておくことが有用である。これらの作業により、出題意図を正確に理解することができ、その上で、「何をどう書くか」がはっきりするからである。

この「問題点の整理」は、試験においては、思考プロセスの大変重要なパートである。

(b)　時間の配分

問題文をさっと読んでいきなり解答を書き始める人はまずいないと思われるが、このことは、避けなければならない。

試験開始後、まず、最初の15分から20分くらいは、上記の「問題点の整理」に充てたい。また、試験終了前の5分から10分くらいは、見直しの時間として取っておくことを勧める。例えば、試験時間が90分であれば、問題点の整理を20分、見直しを10分として、実際の論述時間は60分となる。同じく、60分であれば、15分―40分―5分、というのが、ひとつの目安となろう。

　なお、論文試験とは関係ないが、大学院の入学試験（修士課程・博士課程）での語学試験は、試験時間は通常 120 分で、小問が 4 問あるとして、最初の 20 分で全問題を検討して訳しやすい問題から順序を決め、残りの 10 分を見直しの時間とすると、各問題に割り当てられる時間は 22～3 分ということになる（ただし、小問がなく、文章全体を訳させる場合もあれば、アンダーライン部分を訳させたり、その意味を論じさせる場合もあるから、臨機応変に考えたい）。

　なぜ「見直しの時間」を重要視するかというと、解答した文章を見返すと、論点の理解の誤りはもとより、誤字・脱字、変な日本語表現や、日本語訳では文法の誤解などが発見されるのは、だいたいこのような見直しにおいてだからである。したがって、1 分 1 秒たりとも、与えられた時間は大切にしなければならない。

　このように考えると、「試験というのは時間との競走」だということがわかるであろう。

---

③ 態度決定から理論構成へ——小論文・答案の作成

(1) 態度の決定

　以上のことで、論点がはっきりし、判例・学説の対立関係も把握された。それを前提として、当該設問に対して、自分はいかなる考え方（結論）をもっているのかを明確にしなければならない。もちろん、このことは、論点を解明している過程で、または判例・学説を整理している中で、おのずと明らかになってくるはずである。あるいは、すでに講義を受けている中で理解しているかもしれないから、そんなに難しいことではないであろう。ただ、この態度決定（結論的判断）は、次の論理の展開を左右するから、明確にしておか

なければならない。

(2) どのような論理構成をするか（具体的な論理の展開）

(a) 上記で把握した正確な問題点（論点）を明示すること

まず最初に [1]、自分が理解し、与えられた課題についての"論点（問題点）"を、正確に明示する必要がある。ただし、ここで注意すべきは、論点に関する前提概念などを長々と（または、くどくどと）説明しないことである。例えば、必要でもない一般的概念や要件などを、用紙の半分以上を使って得々と論じている答案も見られるが、論点に関係しない前提概念などは、不必要というべきである。

(b) 論理構成を明快に展開すること

次にやるべきことは、これまでの議論はどうなっていたか、何が問題なのか、を指摘しながら、客観的な議論の状況、すなわち、判例・学説の論争点を踏まえることである。そのような状況を示すことは、「問題点・議論の本質は何なのか」を理解する上でも必要なことである。出題によっては、そのことに関して学習した内容自体が問われる場合もあり得る。例えば、「従来の判例理論をふまえて論じなさい」というのは、このタイプである。このような"指示"を見逃すと（または無視すると）、減点の対象となる。

このような整理が必要とされるのは、答案・小論文が、設問に対する受験者個人の回答（妥当・不妥当、当・不当、善・悪などの態度決定）を尋ねているわけではなく、<u>学習成果としての法律的知識の習得状況を見よう</u>としているからである。ある設問につき当該結論が妥当かどうかを訊くならば、法律を知らない素人でも、常識から

---

[1]「重ね言葉」として使っているのでないことは、**第2部** **5** (5) (b)（85頁）参照。

答えられるはずである。大学は、そうではなくて、社会科学の一つとしての法律「学」を教えているのである。だから、論理構成のしかた、判例・学説の整理なども、重要な講義内容である。このようなことについての学習成果を見るのも試験なのであるから、試験では、結論自体が重要なのではなくて、<u>知識の整理とともに結論に至る論理的思考が重要なのだ</u>ということを肝に銘じてほしい。

(3) 小論文・答案の作成 (1) ——理論構成

かつては、論理構成といえば、「起・承・転・結」とされたものである。しかし、「起・承・転・結」は漢詩絶句のレトリックにすぎず、学術論文では、不要どころか、不適切であることは既に述べた（ 第1部 Ⅲ 1 (3)（36頁以下）参照）。学術論文では、〔Ⅰ〕「仮説」の設定、〔Ⅱ〕仮説の「論証」、〔Ⅲ〕「帰結」という理論構成が重要であることも、その際指摘した。

しかし、小論文や答案では、すでに課題が設定されているのであるから、「仮説」の設定ということはあり得ない。ではどのような構成がよいか？　一般的にいえば、小論文・答案では、次の3段論法が妥当である。この3段論法の意義や、各段階においてはどのようなことが必要なのか、などについては、各該当箇所（前掲 2 (1)～(3)、本項 3 (1)～(4)、後掲 4 ）で詳論しているので、ここでは、答案構成の要点だけを再掲する。

【答案構成の要点】
〔Ⅰ〕　問題の正確な把握　（前掲 2 (1)～(3) 参照）
　(1)　"問われていること"を解明する

　(a)　「出題の意図」を探る

　(b)　「論点」を正確に解明する

(2)　「論点の解明」の具体的作業

　(a)　問題の形式・文言等を注意深く読む

　(b)　自分の学習の成果が問われている

〔Ⅱ〕**態度の決定と論理構成**　(本項 ③ (1) ～ (4) 参照)

(1)　態度の決定

(2)　どのような理論構成をするか（具体的な論理の展開）

(3)　三段論法による論理の展開

(4)　文章による説得

〔Ⅲ〕**結論（自己の見解）**　(後掲 ③ (5) 参照)

＊　設問に対する解答として、問題点・論点の把握と自
　　分の考え方の提示

　　（文章による説得）

(4)　小論文・答案の作成 (2) ——文章による表現

(a)　「読む人」（出題者・審査員）を文章で説得する

　答案・小論文は、与えられた課題に対する解答であるから、「読む人」（出題者または審査員）がいるはずである。したがって、読む人を<u>文章によって説得</u>するのだ、という意識をもってほしい。そうしないと、時として、"ひとりよがり"な文章になるからである。"ひとりよがり"は、文章の内容の点でも文章の形式の点でも、いえることである。次掲 (b)・(c) で指摘しているような悪文例の文章がそれである。また、殴り書きをしてほとんど判読不能な文章もそうである。要するに、読む人がスムーズに読んでスムーズに理解

できないような文章は、避けなければならない。

(b)　文章の表現はわかりやすく

　文章は、読む人にとって、わかりやすいものでなければならない。「わかりやすい」とは、逆に、「わかりにくい」または「難解な」文章を書いてはいけないことである。どのような文章がそれに当たるかというと、1文が長くなって何を言っているのかわからないような文章、形容句が多くどこにかかっていくか踏めない文章、古語や古い文調などがそれである。技巧的な文章や、いわゆる美文といわれる表現も、必要がない。特に小論文や答案では、何を言おうとしているのか判然としない文章を目にすることが多い。これは、時間不足のために、なぐり書きをしたままで、訂正・校正することができなかったことに起因しているであろう。

　そこで、「答案のわかりやすい文章」の要点を、本項目 3 の終わりに掲げておこう（142 頁）。

(c)　「段落」をつけて展開する

　上記（3）で掲げた〔Ⅰ〕から〔Ⅲ〕への論理の展開のスムーズな方法としては、段落を切って、「その段落ごとに内容をまとめていく」という方法がよい。<u>「段落」とは、書く人が、1段落の中で何かを完結的に表現しようと意識して、区切るものである</u>。そして、<u>前の段落を承けて、次の段落で別の何かを論述することになるから、スムーズな論理的展開ができる</u>のである。このように、論理的な展開とは、"順序立てた論述"なのである。

　時々見受けられる答案に、まったく改行のないものがある。そのような答案は、よく読んでも、どのような展開なのか、さっぱりわからないものが多い。【図・段落のない文章】は、改行・段落がまったくない例の一部である（執筆者の掲載許諾済み）。小問（1）も小

【図・段落のない文章】

> (1) 本論に入る前に、まず法定地上権とはどのような制度であるか簡単に説明する。法定地上権とは、"土地でその上に存する建物が同一の所有者に属する場合において、その土地又は建物につき抵当権が設定され、その実行により所有者を異にするに至ったときは、その建物について、地上権が設定されたものとみなす"制度である(民法388条)。本件の場合、…前提…、つまり甲土地及びその上に存する建物が夫Aという同一の所有者に属する場合といい、当該制度が成立する上での前提条件となるわけであるが、そもそも甲土地は、夫Aのみならず妻Bを加えた共有所有物であるため、当該制度が直接的に適用できるわけではない。しかしながら、そうだからといって、他人の土地上の建物の…保護という当該制度の理念等の観点から、一概に当該制度の適用を否定するという論理は採用できない。そこで、当該制度が直接的に適用されえない本件のような場合は、共有物等に関する民法249条、250条などの規定の趣旨も踏まえ、当該制度の成立…によって…甲土地上のもう一方の共有所有者である妻Bが、法的に不利な状況に陥るか否かを重視し、当該制度の成立を否定を判断すべきものと解する。その判断を…上で(1)の事案を整理すると、甲土地の共同所有者のうちいしている…Bは当該地上の自宅の持分と…民法250条に基づき、…につき、権C当該抵当権を抵当権者として、自らが抵当権設定者となり、結果的に抵当権者は当該地上物である…Aの当該地上の持分上の抵当権を実行しいずれは競売しいがけて住むるが、この時に妻Bにとっては、確かに当該抵当権の目的物はあくまで夫Aの当該地上の持分上であり、自らの当該地上の持分上には当該抵当権がからんでいないことから、結果的にそれが当該抵当権が実行されたとしても、例えば民法256条の共有者の当該共有物の分割の請求ができうる規定などを利用すれば、彼女にとって法的に不利益な立場に必ずしもならないと解することもできうる。しかしながら、ここではそもそも当該土地上には夫A所有の当該建物が存在しており、さらに彼女は夫Aの妻という立場から、当該建物に共同で生じているという状態が尊重であるから、このような事情を鑑みれば、当該抵当権が実行され、当該土地上のA持分上の所有者が新たに抵当権者であったCのそのC者が、依然としてその土地上に建っている建物はA所有のものであるから、当該建物について当該抵当権上の地上権が設定されたとみなされることは彼女にとって法的に不利な立場となり、当該土地上の共同所有者としての利益を失うという立場を導きかねない。しかしながら、よくよく考えてみれば、当該抵当権の対象となっている目的物はあくまでA持分上のものであるといった事情をとり、…ような場合には、妻Bにとって法的に不利な立場と必ずしもなりえないと解するべきである。以上の根拠から、当該建物について、法定地上権は制定すると解するのが妥当である。
>
> (2) この場合は、(1)のケースとは異なり、甲土地上ではなく当該地上の建物に抵当権を設定したという事実である。但し、このような違いがあっても、法定地上権が成立するにあたって判断考慮されるべき重要な要素は妻Bにとって当該制度が成立することによって、自らの当該土地上の共同所有者としての利益や立場が不当に侵害されるか否かという観点と…ことは変わりはない。そこで、(1)のケースと同様に、そのような観点から考慮するその判断を検討…

問(2)も、改行すらない。

　他方、1文1文改行して、しかも、各文に番号が付してある答案もある(さらに、「1.(1)(ア)…」など子番号・孫番号まで付してある

ものもある！）。何のための改行なのか、何のための番号なのか、まったく理解できない（予備校がこのような指導をしているとは思われないが）。

　答案では、原則として番号は不要であるが、複数の論点が存在する場合には、大きな段落に番号を付け、その中で段落を区切って論じることは、読む人にとってもわかりやすい。しかし、１文１番号など、意味のない番号振りは、かえって逆効果である。

(5) 結論部——自分の意見の表明とまとめ

　最後の「結論」部では、〔Ⅰ〕問題の正確な把握、〔Ⅱ〕態度の決定と論理構成、によって得た結論を提示し、「設問」に対する解答として、自分の見解を表明する。ただ、すでに上記 ① で指摘したことでもあるが、学術論文とは違い、小論文や答案は与えられたことに対する即座の"解答"であるから、解答者が"独自の"見解をもっていることは少ないであろう。多くの場合、従来の判例ないしは学説の１つを基調として自分の考え方をまとめるというような結論形式になろう。ただし、その場合、「どのような理由からその立場を正当と考えるのか」を、自分の立場から（自分の意見として）、理論的に説明することが必要である。この「理由付け」は絶対に落としてはいけない。これまでの学習の総合的な成果が問われていることも、小論文・答案なのである。

　本項目の最後に、わかりやすい文章の書き方につき、第2部「文章の書き方——文章表現の技術」から、答案に当てはまる要点を抜き出しておこう（詳しくは、第2部 (59頁以下) の各項目を参照）。

```
【答案のわかりやすい文章】
 ①  文章は短く切るクセを（長い文章を作らない）。
 ②  「段落」をつけて展開する。
 ③  文法を履む（主語・述語・目的語の関係を押さえる）。
 ④  係り方をはっきりさせる（特に、1つの名詞に2つ以上
    の形容句は使わない）。
 ⑤  間接文（重文・複文）の多用は避ける（文の構造が複
    雑になるため、答案には不向き）。
 ⑥ 「読点」の打ち方に注意する。
 ⑦  カッコは極力避ける。
```

4 答案を採点していて──余滴

　最後に、答案には様々なドラマがある。そこで、採点していて気がついたいくつかの点を、思いつくままに述べよう。

(1) 小問には必ず全問に答えること

　論文式試験でも、2つか3つの小問に答えさせる場合が多い。この場合、必ず全問に答えなければならない。例えば、小問が2つある論述試験で、第1問は答えられず白紙だが、第2問は完璧に答えたから〔と主観的に思っている〕、合格点には達しているだろうと考える学生がある。しかし、論述試験では、本人が完璧に答えたと思っても、通常は80点である（優秀なA評価の場合。特に優秀なA+も85点止まりで、90点はまず付かない）。これは、文章による表

現に完璧（100点）という評価は存在しないという社会通念に基づいている。文章は、当該個人に特有の表現であって、"絶対的に正しい"表現というのはあり得ないからである。そうすると、1問は80点（A評価）、1問はゼロとすれば、合計点は40点だから、合格点には達しないことになる。

　このことを知っていれば、問題が小問に分かれている場合には、全問に答えなければならないということは理解できよう。このようなことを知らないためか、全問に答えず、小問について白紙のものが多いのである。もっとも、この点は、記述式試験ではこのような採点基準であることを示していない大学に責任があると言えるが。

　なお、(1)・(2)などの小問がある場合には、各小問(1)・(2)を明記し、それに対応させて解答をしなければならないことは、いうまでもない。

(2)　「問い方」に注意

　設問により、①「AとBとの法律関係を論じなさい」という問い方と、②「Aの主張に対してBを保護する方法はあるか」という問い方とがあったとしよう。

　①の設問では、最終的にA・B間における妥当な法律的処理を問うているのであるから、Aの主張とBの主張とを比較の上、特に判例などを踏まえて自分なりに妥当と思われる法的判断をしなければならない。

　これに対して、②の設問では、Bを保護する方法があるかどうかを問うているのであるから、A・B間での主張を比較しつつ、徹底的にBの立場に立って答えなければならない。なお、このように「……方法はあるか」という聞き方は、たいていの場合、"肯定的"

な答えを期待しているのであるから、「ない！」という結論は好ましくないであろう。多くの場合、肯定的な結論を学んでいるはずである。

(3)　前提が長すぎる答案

　実定法科目において、前提が長すぎ、それ以後の理論的展開が、時間不足のため、しぼんでしまうものがある。例えば、民法の「錯誤」に関する事例問題での解答で、「そもそも錯誤とは」からはじまり、その「要件」等を得々と述べるのだが、肝心の要点については数行しか書いてないものである。明らかな時間不足であるが、それよりも答案の書き方に慣れていないのである。特に、学部低学年生でよく勉強している学生に多く見受けられよう。

　事例問題では、このような前提などは必要でなく、論点を理解したなら、いきなりその論点に切り込んでいくという論述が必要である。

(4)　「です・ます」調は避ける

　最近は少なくなったが、これまで、答案の表現として、「です・ます」調のものが時々見られた。「です・ます」調は、やわらかさを醸し出す表現上のレトリックであるが、答案は、「である」調が基本であるから、採点していて突然「です・ます」の答案を目にすると、むしろ異様さを感じる。印象的には、逆効果となろう。

(5)　山を張って外した答案（学部期末試験など）

　学部の期末試験などでは、山を張って試験に臨む学生が多い。これは、当然のことで、あながち批判はできない。というのは、期末

試験は、それまで、半期ないし1年を通して講義してきた内容を理解しているか否かを判定することであるから、当然ながら、学生は、それまでの講義を振り返って、重要と思われる点に絞って試験に臨むからである。このこと自体は、別に問題ではない。

問題は、山を外した結果、答える材料がなくなり、思い余って、"勝手に設問（山を張った箇所）を自作して答える"という安直な態度である。

こうなると、もはや「試験」ではない。試験は、「出題者が出題したものに答えさせるという客観的な評価制度」であるが、「自分が勝手に問題を作成して自分で答える」というなら、「試験」ではないのである。

(6) 「余事記載」の答案

「余事記載」というのは、設問で問うていること以外の試験に無関係な事柄（＝余事）を、答案に記載することである。いくつかのパターンがある。

(a) 特定のシグナル？

答案の欄外などに書かれた「余事」については、国家試験などでは不正行為とみなされ、採点者（試験委員）が採点する前に、事務当局があらかじめチェックして答案から除外している。これは、特定の試験委員に対する何らかの"シグナル"とみなされかねないからである。しかし、文章の中に入っている「余事」については、外見的にはわからないから問題が残ろう。

このことからいえば、受験者は、誤解されないためにも、独特の表現や特殊的な（あるいは奇異な）用語などは使うべきではないであろう。

　なお、これらのことは、大学の期末試験にはあてはまらない。それは、次に述べるとおりある。

(b)　大学の期末試験では

　大学の期末試験などでは「余事記載」は大変多いが、それもそのはずで、期末試験では、受験者の氏名・学籍番号を伏せないから、最初から「○○君の答案」であることが明白であり、したがって、余事記載が"特定のシグナル"という意味はもたない。そこで、余事記載があったとしても、教員はほとんど無視して採点しており、試験の結果そのものには、影響を与えない（与えるというのであれば、教員のモラルの問題であり、ここで論じることではない）。

　では、どのような余事記載が見られるかというと、関西大学の馬場圭太教授は、次のようなケースとその対応を述べている（掲載許諾済み）。

【余事記載の取扱いについて】

　「期末試験の答案に、試験の解答とは関係のない事柄（余事）を記載する学生がいます。解答とは無関係な記載ですから点数に（少なくともプラス方向に）反映することはありません。私は、余事記載には許されるものと許されないものがあると考えます。

　①　大いに許され、かつ採点者がご機嫌になる余事記載
　　　成績のよい答案において、「先生の授業は大変わかりやすく、○○に興味を持つことができました。ありがとうございました」などと書くケース。

　②　許されないとまでは言えないが、採点者が複雑な気

　持ちになる余事記載

　　成績の悪い答案において、「先生の授業は大変わかり
やすく、○○に興味を持つことができました。ありが
とうございました」などと書くケース。

③　決して許されない余事記載

　　成績の良し悪しにかかわらず、「勉強不足でテストの
できがよくありませんでした。しかし、なんとしても
卒業したいのでご配慮ください。よろしくお願いしま
す」などと書くケース。

　三つ目のケースは、仮にテストが及第点に達していたと
しても、この記載があることのみを理由として0点をつけ
てもよいケースです。それは何故でしょうか。

　それは、個人的な理由から、自らの努力不足を棚に上げ
て特別扱いしてもらおうという考えの持ち主に大学卒業資
格（「法」学士はとくに！）を与えて社会に送り出すことはで
きないからです。そのような人は、むしろ大学にとどめて、
更生するまで再教育を施す必要があります。

　大学は、専門的知識をつけることのみを目的とする場所
ではなく、人間教育をその根本とする機関です。その点に
おいては、初等・中等の教育機関と何ら変わるところはあ
りません。」

　大変面白い指摘である。③については、大学、とりわけ私立大学
の教員にとって悩ましい問題でもあろう。ただ、一般には、余事記
載があったとしても、そのこと自体は試験の結果に影響を与えない

（プラスともマイナスともならない）として扱っている教員が多いであろう。

第4部 研究上の決まりごとと「研究倫理」

「創造性」に価値が置かれるべき研究にあっては、そのプライオリティ（優先性）は創造者にある。そして、「研究上のきまりごと」とは、プライオリティ原則の下で、論文を作成するに当たって踐むべき一定の手順ないしルールであり（ポジティブ規範的）、「研究倫理」とは、文字通り「倫理」の問題であって、研究活動上の規範に違反すべきでないこと（剽窃など違反した場合には、厳しい社会的制裁が待ち受けていること）、したがって、「どのようなことをすべきでないのか」を扱うものである（ネガティブ規範的）。

ただ、「研究上の決まりごと」と「研究倫理」とは、多くは概念が重なっており、表裏の問題だと考えてよい。具体的に問題になるのは、「引用」行為を巡ってである。ここでは、他の研究者の研究成果を尊重し、その「引用」についてはきちんとしたルールに従うべきことが要点となる。

なお、「引用」が問題となるのは、研究成果の公表（出版）の場面である。そこで、本項では、公表をめぐって問題となる著作権、著作者人格権、出版権等の規律法理も掲げよう。

Ⅰ　研究上の決まりごと

1 　「先行者優先原則」と「引用義務」

(1)　先行者優先原則（プライオリティ原則）

　学術論文は、執筆者の「創造性（独創性）」に価値が見い出されるべき創作物であり、その意味では、芸術作品と同じである。そして、研究論文は、<u>先に公表した者に、その独創性に対する「オリジナリティ」（＝「著作権」と解してよい）が認定されるべきもの</u>である。これを、これを、「先行者優先原則（プライオリティ原則）」という。

(2)　引用義務

　そこで、後続の者は、先行者と同じようなテーマないし研究内容を扱うのであれば、<u>必ず先行者の学説なりを「引用」しなければならない</u>（引用義務）。この「引用義務」は、プライオリティ原則から、当然に導かれる基本原則である。学問（特に社会科学）は、唯一性を特徴とする芸術作品と違って、同じ専門領域内に自分と同じような考え方を持っている人が多数おり、多数の論文が存在するところに"1つの石を積み上げる"作業でもあるのだから、「引用義務」の履践は、基本的な学問的態度である。

　大学院生などが、新しい考えが浮かんでよろこんでいたときに、研究を進めていくと、同じことを言っている論文に出くわしてがっかりしたという経験があろう。それでも、プライオリティは、先行者にあるから、敬意を払って引用しなければならないのである。

「先に公表」した者にプライオリティがあるからである。

(3)　引用の範囲

　では、既に「公表された」とは、どのようなところ（メディア）で公表されたのか？大学や研究機関などの機関誌、商業的専門雑誌、体系書・教科書など、およそ研究者として眼に触れる（または触れなければならない）ものは、全てである。ここで、既に公表されている学説を「知らなかった」ということは、通用しない。研究者が一般に眼に触れることができるものを、"知らなかった"から引用しなかったというのであれば、研究者としての資質がないことになる。

　ただ、各種学校や企業の研究機関などが発行する"一般的な公知性"がないものについては、外れることがあってもやむを得ないであろう。また、民事法関係では、座談会が大流行であるが、座談会での「発言」は、各対話間での応答だから一貫性がない場合も多く、また単なる感想程度のものも多いから、学術大会での討論などは別として、商業ベースの座談会を学術論文と同列に扱う必要はなく、これを一々取り上げないからといって、非難されるに値しない（もちろん、引用することは、大いに結構である）。

(4)　引用の無視は

　他方において、特定の説を意識的に"無視"する向きもないではないが、言語道断というべきであり、学者としての資質が問われよう。公表著作については、公表年月日が明確になっているから、プライオリティは先行者に認められ、後で、かえって不利益を受けることになろう。この点、自然科学系では、学問の性質上、このよう

な問題はあまり起こらないであろう。

2 「引用の自由」と「制限」

(1) 「引用」とは何か

およそ「著作物」(思想又は感情を創作的に表現したものであって、文芸、学術、美術または音楽の範囲に属するもの)(著作2条1項1号)については、著作者に排他的・独占的に帰属し、著作者は、その著作物を使用・収益・処分をする権能を有する。所有権の権能と同じである。したがって、他人が、本人の著作物を勝手に使ったり、無断で引用することは許されない。

他方において、「引用」(Citation)とは、自分の作品の中に、自分が関与したものでない事物を取り込むことをいうが、学術論文の問題としていえば、自説の正当性を証明するための拠り所(典拠)として、他人の文章や事例、事実などを引いてくることである。他人が作成した文章や図表であるから、これを自分の作品の中に自分の制作物として採り入れること(剽窃)はもとより、無断で引用することもできない(著作48条1項・2項参照)。

しかし、著作権法は、一定の範囲でこれを許諾なく引用することを認めている(著作32条)。すなわち、「公表された著作物は、引用して利用することができる」(同条1項前段)とし、自由な引用・利用を認めている。これは、「引用」が、学問・芸術の発展にとって、大いに資するからである。このように、「一定の範囲」(引用の制限)があるものの、引用は自由に認められるのが原則である(後掲最判昭55・3・28参照)。

(2)　「引用」に対する制限

　他人の創作物を「引用」して自説の根拠とすることは、学術の発展のためには必須の方法であるから認められるべきであるが、しかし、そのためには、一定の手順を践まなければならない。「引用」に対する制限である。すなわち、「その引用は、<u>公正な慣行に合致</u>するものであり、かつ、報道、批評、研究その他の<u>引用の目的上正当な範囲内</u>で行なわれるものでなければならない」（著作32条1項後段）。

　このことは、「引用」が、目的においても方法においても、先行者優先原則を遵守した、フェアな利用でなければならないことを意味する。この点は、「研究倫理」の問題と重なるところでもあるから、十分に意識しておく必要がある。

③　引用原則I ── 「公正な慣行」と「正当な範囲内」

　著作権法は、引用の方法につき、抽象的に、2つの原則を設けている（著作32条1項）。第1は、引用は、<u>「公正な慣行」に合致しなければならないこと</u>である。「公正な慣行」とは、その分野ないし学界で一般的に行われているような引用方法をいう。プライオリティ原則から発現する後学の「引用義務」（前掲 ① (2)）は、既に一般的な「慣行」となっていよう。第2は、引用は、「報道、批評、研究その他の<u>引用の目的上</u>」、「<u>正当な範囲内</u>」で行わなければならないことである。「第2」の原則は、やや具体的ではあるが、しかし、2つとも抽象的な表現であるから、ここから具体的な基準を引き出すことは困難であろう。

　"その分野ないし学界で一般的に行われている引用"といっても、

わが国の著作権の歴史は浅く、著作権保護の意識も必ずしも高くはなかったのであるから、従来の"一般慣行"に従っていればよいというわけではない。ちなみに、1980年代頃までの法律系学界における「引用状況」を見ればわかるように、剽窃とも取られかねないものも多く、著作者の権利意識も低かったから、「一般慣行」としてどのような基準が確立していたかは不明であろう。

しかし、現在においては、「引用」の意味や概念が明確となり、それに併せて、判例・学説によって、新たな引用基準として「明瞭区別認識性」と「主従関係明確性」が示されるようになった。

4 引用原則Ⅱ──「明瞭区別認識性」と「主従関係明確性」

（適法引用）

(1) 明瞭区別認識性

最判昭55・3・28民集34巻3号244頁（パロディモンタージュ事件）は、「引用」につき、2つの基準から判断すべきことを提示した。第1は、「引用して利用する側の著作物と、引用されて利用される側の著作物とを明瞭に区別して認識することができ」ることである。このことは、引用者の著作物〔A〕と被引用者の著作物〔B〕とは、一見して（一読して）「引用」であることが明瞭に区別できるものであることを示している。判決文を掲げると──

> 【最判昭55・3・28民集34巻3号244頁（パロディモンタージュ事件）】　「法30条1項二号は、すでに発行された他人の著作物を正当の範囲内において自由に自己の著作物中に節録引用することを容認しているが、ここにいう引用とは、

紹介、参照、論評その他の目的で自己の著作物中に他人の著作物の原則として一部を採録することをいうと解するのが相当であるから、右引用にあたるというためには、引用を含む著作物の表現形式上、(a) 引用して利用する側の著作物と、引用されて利用される側の著作物とを明瞭に区別して認識することができ、かつ、(b) 右両著作物の間に前者が主、後者が従の関係があると認められる場合でなければならないというべきであり、更に、法18条3項の規定によれば、(c) 引用される側の著作物の著作者人格権を侵害するような態様でする引用は許されないことが明らかである。」

　この (a) 明瞭区別認識性と (b) 主従関係明確性は、「適法引用」基準として、東京地判昭61・4・28（豊後の石風呂事件）（知的財産裁判例集（裁判所 WEB）昭和58（ワ）13780）その他の判例に受け継がれている。

(2)　主従関係明確性

　第2は、引用者の著作物〔A〕と被引用者の著作物〔B〕との間に、「前者が主、後者が従の関係があると認められる場合」でなければならないことである（同上記最判昭55・3・28）。〈主〉と〈従〉の関係とは、「引用は執筆者の主張を補強する材料」であるから、執筆者の主張が“主”であり、引用はそれに“従属”するものであることを意味する。実は、この点が大きな問題なのである。

　朝日新聞社は、この主・従の関係につき、次のように説明している[1]。

---

[1] http://www.asahi.com/policy/copyright.html.

【主従の関係（朝日新聞社）】 「質的にも量的にも、引用する側の本文が『主』、引用部分が『従』という関係にあること。本文に表現したい内容がしっかりとあって、その中に、<u>説明や補強材料として必要な他の著作物を引いてくる</u>、というのが引用です。本文の内容が主体であり、引用された部分はそれと関連性があるものの付随的であるという、質的な意味での主従関係がなければなりません。量的にも、引用部分の方が本文より短いことが必要です。『asahi.comに次のような記事があった』と書いて、あとはその記事を丸写しにしたものや、記事にごく短いコメントをつけただけのものは引用とはいえません」。〔アンダーライン筆者〕

また、川島武宜博士は、引用との関係について、次のように言う[2]。

【引用に関して―川島武宜】 「法律学では、だれがどう言っている、かれがこう言っている、と博引傍証して、終わりに自分考えをちょっとつけてある、というようなタイプのものが『論文』として通るかのような雰囲気が日本にまだ残っているようです。しかし、これは日本の法律学がおくれていることを示していると思います。その大部分は『論文』ではなくて、『紹介』です。もちろん学説紹介ということはたいへんいいことだし、またむずかしいことですけれども、多くの場合にはそれは『論文』ではない」。

---

2) 川島武宜『ある法学者の軌跡』（1978・有斐閣）119頁。

　わが国においては、民法制定以来、実に長い間、ドイツやフランスの法理論の紹介論文が多かったのであるが、法制度を継受した経緯からやむを得ない事情も存したことは否定できないものの、そのような風潮の中での一つの警鐘でもあった。川島博士の残された多くの独創性のある論稿を見れば、首肯できよう。

　したがって、「引用」は、執筆者の主張を補強する手段でなければならないから、<u>自分の主張のうち核心的な部分について、被引用文献の独自の主張と同じであるような同格的引用は許されない</u>。

> 〔例 001 ―同格的引用〕　〔A 論文〕がすでに甲理論という独自的主張をしている場合において、後続の〔B 論文〕も甲理論と同じ結論であるときに、「A 論文も同旨である」などという引用は、原則として（アプローチや論証の差異にもよろうが）許されない。先行者の独自的主張には学問的なプライオリティがあるから、引用においても、そのような同格的な引用ではなく、「A 論文に賛成する」する趣旨のような引用方法でなければならない。

　他方において、デジタル機器によって文献のコピー＆ペーストが容易に引用できる今日、それによる引用については、十分に注意しなければならない。大々的な引用が可能となるからである。後述するように、自分の主張に関連する引用については、"従たる地位"になければ、剽窃（盗作）となることがあり得る。<u>「引用」は論証の補強材料にすぎない</u>ことを、十分に意識しなければならない（後掲 Ⅲ 4 (2) (b) (c) (d)（182 頁）参照）。

⑤ 引用原則Ⅰと引用原則Ⅱの関係

　上記で述べたように、引用原則Ⅰ（「公正な慣行」と「正当な範囲内」）は、著作権法32条が規定するところであり（③）、これに対し、引用原則Ⅱ（「明瞭区分認識性」と「主従関係明確性」）は、判例・学説が新たに設けた解釈基準である（④）。

　引用原則Ⅰは、多分に抽象的であるから、具体的事案に当てはめても、「公正な慣行」に当たるかどうか又は「正当な範囲内」であるかどうか、が問題となるから、客観的基準として曖昧性が残ることは否めない。他方、引用原則Ⅱは、引用の外形的・客観的事実から判断するもので、基準として機能しよう。2つの引用原則をどのように捉えるかについては、学説・判例は多様に別れている[3]。

　このことから、高林龍教授は、「明瞭区分性と主従関係という要件中に他の引用が適法と認められるための『公正な慣行』要件や『目的上正当な範囲内』要件を取り込んで規範的に判断するのではなく、あくまでこの2要件は引用該当性の前提要件として、外形的・客観的事実から判断されるべきである。そしてそのうえで、著作物の種類や業界における慣行あるいは時代の変遷などを勘案して、当該引用が、最終的には著作権法32条1項が規定する『公正な慣行』に合致するものであるか否かといった規範的要件によって、再度の吟味が加えられることになる。」とする[4]。引用原則Ⅰの中に引用原則Ⅱの基準を入れて判断するのではなく、まず引用原則Ⅱから具体的事案を検討し、その上で引用原則Ⅰから規範的・大局的に判断しようとするものである。現実的にも妥当な判断方法で

---

3) 詳細は、高林龍『標準著作権法〔第2版〕』（2013・有斐閣）167頁以下参照。
4)　高林・前掲書169頁。

あり、私は、この考え方に与する。

6 出典明示義務と表記方法

(1) 出典（出所）明示義務

　著作者は、「著作物の出所を、その複製又は利用の態様に応じ合理的と認められる方法及び程度により、明示しなければならない」（著作 48 条）。この義務に反した場合には、刑事罰の対象となる（同122 条）。明示の方法については、特に決まりはないが、学術論文は、内容が専門的であるだけに、形式も簡明でかつ統一されていることが好ましい。上記規程は、引用の「態様に応じ合理的と認められる方法及び程度により」行われるべきとするが、これこそ、まさに「公正な慣行」（著作 32 条 1 項）が手本となろう。

　現在においては、学術論文の出典表記方法も、次第に固まりつつある。特に、以下の2つの文献引用の指導書は有用であり、一般的に使われている。

(a) "THE BLUEBOOK"（A Uniform System of Citation）

　そこで、最初に取り上げなければならないのが、『ブルーブック』"THE BLUEBOOK"（A Uniform System of Citation）である。いうまでもなく、アメリカにおいて法律系文献の引用方法の標準となっているものであり、私たちも、大学院に入学した際には、先輩から必携書として教えられ、コピーして使ってきたものである。英米法研究者でなくても、揃えておきたいマニュアル本である。

(b) 法律編集者懇話会編「法律文献等の出典の表示方法」

　次に、わが国では法律文献の引用方法が学者によってまちまちであったところ、法律系図書出版社の編集者の集まりである「法律編

集者懇話会」が、ブルーブックなどを模範に、1989年に「法律文献等の出典の表示方法」を作成した。憲法学界など当初は必ずしも同調しない学界もあったが、現在では、各学会の支持を得て、標準の表記方法となりつつある。

ただし、これは、わが国で行われてきた学者の引用形態を尊重して、いわば日本流にまとめたため、欧米の方法とは異なっている点がある。例えば、同一論文の繰返し引用や同一著者の別の論文の引用方法などについては、難があろう。また、これは、ブルーブックとは異なり、商業的出版社の立場から作成されたものあるため、研究者にとって使いづらい面もなくはないから（例えば、欧米では、論文や著作で重要なのは公刊年なので、タイトルの次に公刊年が置かれるが、本方法で「タイトルの次が出版社・公刊年」の順になっているのは、商業ベースで考えられたからである）、忠実にこれに従わなければならないというものでもない。ただ、これからの重要なスタンダードになることは間違いないであろう。

本書では、同懇話会の許諾を得て、資料として最後に掲載したので（ただし、部分的には変更してある）、参考にしてほしい。

(2) 「学説の引用」に注意

社会科学系では、特定の論点に関して「A説」、「B説」、「C説」などの形式で引用され、それに対して論者が論評を加え、その説に賛成するとか反対するとかの形で批評されることが多い。このような論述はもちろん正当であるが、ただ、「学説」というのは、既に存在している学説（既存学説）を批判して、その上で、新たな知見として提示されるのが普通である。A説を批判してB説が出現し、さらにそれを批判してC説が出現するという具合である。このよ

うに、「学説」は、時間的系列の中で批判的に生じる傾向にある（すべてがそうであるわけではないが）。

　このような状況に鑑みると、後続の学者は、A説・B説・C説を批評するときには、単に並列的にその主張だけを列挙するのではなく、B説はA説の何を批判して自説を主張しているのか、同様に、C説は、A説・B説のどこの弱点を批判して新たに自説を立てようとしたのか、を十分に検証する必要があろう（もちろん、テーマにもよりけりであるが）。

　民法の領域（物権変動論争）でいえば、現在ではほとんど論じられることもない、登記時説→契約時説→代金支払・引渡時説→有償性説への歴史的な流れ、また、有償性原理に関する船橋理論→川島理論→原島理論への理論的な流れなどは、歴史的・時間的系列の展開を無視して羅列的・並列的に論じることは無意味なのである。

　少なくとも、学術論文においては、このような学説の出現・発展プロセスを検証することにより、いっそう厚みを増すものとなろう。

(3)　「孫引き」の禁止

　学術論文で参考とする文献は、基本的に、その原本に当たらなければならない。"引用した文献からの引用（引用の流用）"を「孫引き」というが、これは許されない。私も、苦労して探したドイツの古い文献が、後で他の論文に当然のごとく引用され、しかも私と同じ主張をしているのを見て、愕然としたことがある（古いモノグラフィでそんなに簡単に手に入る文献ではないので、どこで手に入れたか聞きたいものである）。孫引きは、いずれ発覚するものであるから、若い学者は絶対に行ってはいけない（派生問題として、後掲 Ⅲ ③

(2) (a) ⅰ (180頁))。なお、この問題は、後掲するプライオリティ違反〔例005〕、翻訳文の剽窃〔例013〕と共通している。

　孫引きが発覚した別の〔例〕を挙げよう。

> 〔例002〕　〔A論文〕は、「大正5～13年の売渡担保の諸判例は、高利貸資本に土地収奪の法的手段を与えたといっても過言ではないのである。この趨勢に対しては、学説の強い批判があった」と本文で述べ、その注として、「甲論文」を引用した。その引用のしかたは、同論文内の「注2」を指示して、「例えば、前注2所掲甲論文」としたものである。しかし、その元の「注2」というのは、そもそも〝別の事柄〟について、「甲著書○○頁」と「甲論文△△頁」の2つを引用したものであった。そして、今度は、上記の「　」内の事柄について、「甲論文」の方のみを頁を表記しないで引用したのである。

　〔A論文〕を参照した（と思われる）後続の〔B論文〕も、同じ趣旨の主張をし、「大正・昭和とわたる経済恐慌時にあった売買形式による主として農地収奪的現象とこれに向けての強い反発」があったとし、そのことの注として「甲著書○○頁」と引用した。しかし、そのようなことは、「甲著書」はまったく述べておらず、述べているのは「甲論文」の方のみである（しかも、甲論文は別の論点の記述であるため、〔A論文〕は、頁を表記しないで「甲論文」として引用していたのである）。〔A論文〕の表記のしかたを見落としたことによる、〔B論文〕の孫引きの発覚である。しかも、〔B論文〕は、〔A論文〕の主張と同じところが多いが、〔A論文〕をまったく引

用もしていないので、研究倫理にも抵触しよう[5]。

(4) 「直接引用」か「参照引用」か

引用マニュアルなどでもあまり触れられていないことであるが、文献を引用する場合、「甲論文○○頁」として直接的に引用する場合と、「甲論文○○頁参照」として引用する場合とがあろう。これは、特に決まりはなく、執筆者が"独自の表現"として使う場合が多い。特に、「参照」については、どのような意味内容を込めているかは、執筆者によって異なる。例えば、文献を一般的に参考として挙げる場合もあり、また、甲論文の主張から推測すれば△△のような結論になるという意味で使う場合もあろう。後者の場合には、当該事項には直接関係していないことも多いから、注意しなければならない（孫引きは、このようなことから発覚する）。

ちなみに、本書 第1部 Ⅲ 3 (1) (b)（41頁）で、「こと"文・ことば"によって感情や風情を表現しようとする小説・散文などの"人文系"文章では、その時代の"口語"（社会文化としての言い回し）と一体とならなければならないから、執筆者固有の表現や言い回しがあり、逆に、そのことに大きな創造的価値が認められるのである」として、「丹羽文雄『小説作法』（1965・角川書店）117〜129頁参照」とし、わざわざルビを振った。この「　」内の表現は私の文章であるが、丹羽さんがそのことを言っているのではなく、丹羽さんの本のその箇所を読めば私が「　」内で言っていることもわかるはずだ、という意味で、「参照」としたのである（いわば、かなり

---

5) 後に〔A論文〕の著者の苦情が、ある大学の総長を通じて〔B論文〕の著者に間接的に伝えられたところ、その第2版では全て削除されていたので、事実なのだろう。

の"説明の省略"であるが、該当箇所の内容を読めば大方理解されるような場合に使われる）。「参照」にはこのような使い方もある。そこで、他の人が、「　」と同趣旨を述べて、その根拠として丹羽文献を「孫引き」引用したら大きな間違いを犯すことになる。

　椿寿夫前明治大学教授（当時大宮法科大学院教授）が話されたことであるが、かつて廣中俊雄博士（東北大学名誉教授）が、論文の注について「○○頁」と「○○頁参照」とを使い分けていたところ、出版社の編集者が「○○頁参照」の「参照」を全部削除してしまい、憤慨したそうである。

　「参照」の用語については、上記のようなことがあるから、みずから使う場合でも、また「参照」の付いた文献を引用する場合でも、特に注意をしなければならない。

(5)　「注」の付け方──引用文献の表記

　ここでは、引用文献の表記としての「注」の付け方を述べるが、「括弧（カッコ）の使い方」一般については、その種類とともに、使われる場面について、既に詳論したので（第2部 9 (113頁)）、それと併せて理解してほしい。

　引用文献の表記または副次的な説明のための「注」の付け方にも考慮が必要である。注には、一般に、次のような形式がある。

　(a)　脚注（本文外）

　脚注は、同一頁の下にポイント（級）を落として表記する方法で、活字が横組みの場合に一般的な方法である。縦組みでは、まず使われない。

　(b)　文末注（本文外）

　文末注は、文章の最後に一括して表記するもので、活字が縦組み

の場合では一般的な方法であるが、横組みの場合でもかなり使われる。

　(c)　カッコ注（**本文内**）

　カッコ注は、文章の至る所で（　）カッコをして記載するもので、注でもあれば、補充説明の場合もあり、最もポピュラーなものである。

　(d)　カッコ割注〔わりちゅう〕（**本文内**）

　割注は、(c) の特殊形態であり、本文の１行を２行に割って小さなポイントで（　）カッコに入れる方法である。

　これらには、それぞれ一長一短がある。読み手にとって "思考プロセスを中断されない" という点からいえば、(c)・(d) がベストであり、(a) はベター、最悪は (b) である。このことの意味は、例えば、「判例は……としている」、「Ａ学説は……といっている」として当該判例やＡ学説を注記する場合、カッコ内注や脚注なら即座に理解できるのに、章・節の終わりや論文の最後に置かれた注では、一々めくらなければならないから、読み手の神経の移動もバカにならないということである。

　なお、(c) のカッコ注では、本文と区別がつかないような長い文章や補充説明のような注は禁物で、用語の言い換えや、判例・学説の指示など、簡単な注記に留めるべきである。

　(d) の割注は、日本独特の注方式のようであるが（韓国の法律書でもまれに見られる）、縦組みでは、従来は一般的な注方式であった [6]。横組みで割注を採用しているのは私の民法講義くらいであろ

6）しかも、長文の割注も多かった。三ヶ月章『民事訴訟法』（有斐閣版）や梅本吉彦『民事訴訟法』（信山社版）など、割注の中に多くの文章が詰め込んであると、読

う。私がこれにこだわっているのは、読み手の思考プロセスが中断されないこと、割注を飛ばして読めば速読が可能であること、本の総頁数を増やしたくないこと、からである。しかし、校正や改訂で本文を修正するときは「行」がずれるから、かなり手間とコストがかかり、編集者・印刷業者泣かせの方法でもある。

　(b) の文末注だけというのも、読み手にとっては、一々注の掲載箇所までたどらなければならないから、不便きわまりない。

　このように考えると、学術論文では、(a) の脚注を基本として、適宜、(c) のカッコ注を使うという方法がよいであろう。このほか、学術論文では、参考文献の一覧表を最後に掲載しなければならないから、どのような文献を使って研究をしてきたかも一目瞭然となり、(b) の注の役割も果たしていよう。

　なお、大学院生の論文などで、時々、1頁の半分以上も占めるような長い脚注を見ることもある。情熱は感じられるのだが、注は、あくまで本文の補充的説明なのであるから、その趣旨をできるだけ本文の文章に入れるようにしてほしい。

者が圧迫感を感じないでもない。

Ⅱ 「著作権・著作者人格権」の保護

> 学術論文の著作者は、研究成果を公表する場合において、著作物に対して「著作権」を有し、その「著作権」は一つの財産権として法的に保護される。他方、研究者にとって道徳的にも法的にも重要な規範である「研究倫理」は、「著作権」（の内容と外延）をめぐって論じられる指針でもある。そこで、ここでは、その基礎的知識として、著作権法が規定する「著作権」制度の概要を述べる。

1 「著作権」とは何か [1]

(1) 「財産的権利としての著作権」と「著作者人格権」

「著作権」とは、著作者が製作した著作物に対する「権利」であり、この権利には、財産的権利としての側面と、著作者の精神的・一身専属的な人格的側面がある。前者を「著作権」といい、後者を「著作者人格権」と呼んでいる（著作17条）。

「著作権」は、物権と同じく一つの「権利」（財産権）であり、著作者に独占的・排他的に帰属するものである。したがって、著作者は、著作権を、自由に、「使用」し、「収益」し、及び「処分」することができる（民法206条参照）。

---

1) ここでは、「著作権」一般を取り扱うのではなく、研究倫理や研究上の決まりごとなどに関係する範囲で、「著作権」概要を述べるものである。著作権制度の詳細については、高林龍『標準著作権法〔第2版〕』（2013・有斐閣）を参照されたい。

(2)　「財産的権利としての著作権」の内容

「財産的権利としての著作権」に含まれる権利は、具体的には、① 著作物の「複製権」(21条)、②「上演権及び演奏権」(22条)、③「上映権」(22条の2)、④「公衆送信権等」(23条)、⑤ 「口述権」(24条)、⑥「展示権」(25条)、⑦「頒布権」(26条)、⑧「譲渡権」(26条の2)、⑨「貸与権」(26条の3)、⑩「翻訳権、翻案権等」(27条)、⑪「二次的著作物の利用に関する原著作者の権利」(28条)を指す。これらは、権利の財産的性質から導かれる内容である。また、これらの権利は、民法の財産的概念からいえば、いわば著作物に対する使用権・収益権・処分権として把握されるものである。

(3)　著作権の保護期間

(a)　存続期間の開始時

著作権の存続期間は、著作物の「創作の時」に始まる（著作51条1項）。

(b)　保護期間

著作権は、別段の定めがある場合を除き、「著作者の死後（共同著作物にあっては、最終に死亡した著作者の死後）70年」を経過するまでの間、存続する（著作51条2項）。旧来は、「50年」であったのが、2010年の改正により、「70年」に伸張されたものである。

②　「著作者人格権」

他方、著作者は、著作物に対して、著作者固有の精神的・人格的価値を有しており（いわば「思い入れ」[2]）、これは、「著作者の一身

---

2) 高林・前掲書213頁以下。

に専属」する権利であるから、譲渡することができないし（著作59条）、相続の対象ともならない（相続財産とはならない）。著作者人格権は、以下のように分類される。

(1) 「公表権」

著作者は、「その著作物でまだ公表されていないもの」（ここでは、単に「著作物」という）を、「公衆に提供し、又は提示する権利を有する」（著作18条1項前段）。当該著作物を原著作物とする「二次的著作物」（著作物を翻訳し、編曲し、若しくは変形し、又は脚色し、映画化し、その他翻案することにより創作した著作物）についても、同様とする（著作18条1項）。

(2) 「氏名表示権」

著作者は、「その著作物の原作品に、又はその著作物の公衆への提供若しくは提示に際し、その実名若しくは変名を著作者名として表示し、又は著作者名を表示しないこととする権利を有する」（著作19条1項前段）。二次的著作物についても同様（同後段）。

(3) 「同一性保持権」

著作者は、「その著作物及びその題号の同一性を保持する権利を有し、その意に反してこれらの変更、切除その他の改変を受けない」ものとする（著作20条1項）。

3 「出版権」

「著作権」に含まれるものではないが、研究者にとって、研究成

果の公表（出版と出版社との関係）は重要な事柄なので、「出版」に
関する権利関係についても、触れておこう。

(1)　出版権の設定

著作物の「複製権等保有者」（著作21条）は、その著作物につい
て、「文書若しくは図画として出版すること又は当該方式により記
録媒体に記録された当該著作物の複製物を用いて公衆送信を行うこ
と（公衆送信行為）を引き受ける者〔出版社〕に対し、出版権を設
定することができる」（著作79条1項）。

(2)　出版権の内容

(a)　「出版」権限の「専有」

「出版権者は、設定行為で定めるところにより、その出版権の目
的である著作物について、次に掲げる権利の全部又は一部を専有す
る。

　一　頒布の目的をもつて、原作のまま印刷その他の機械的又は化
　　　学的方法により文書又は図画として複製する権利
　二　原作のまま前条〔79条〕1項に規定する方式により記録媒体
　　　に記録された当該著作物の複製物を用いて公衆送信を行う権
　　　利」（著作80条1項）。

(b)　多重設定の禁止

「専有」とは独占することであるから、ある著作物の出版権を甲
出版社に対して設定した以上、その「出版」（公表）権限は当該出
版社が独占し、著作者は、同一著作物につき、重ねて他の乙出版社
に出版権を設定することができない。

　このことは、研究者は、特に注意を要する。具体的には、後の

「研究倫理」の項で述べるが、甲雑誌（又は本）に載せた A 論文を、自分の書いたものだからといって、乙雑誌（又は本）に重ねて掲載することはできない。A 論文の著作権は確かに当該著作者にあるが、その出版権（公表権）は甲出版社にあるのである。研究者が、雑誌や機関誌などで公表してきた論文を集め、一冊の著作物として出すことは常であるが、出版権が消滅していない論文等は（後掲(5) 参照）、無断で再録して出版することはできない。出版権の侵害に当たるのである。ただ、現実には、甲出版社にその旨を伝えて許諾をもらっているのが普通であろう。

(3)　出版の義務

「出版権者は、次の各号に掲げる区分に応じ、その出版権の目的である著作物につき当該各号に定める義務を負う。ただし、設定行為に別段の定めがある場合は、この限りでない。

一　前条〔80条〕1項1号に掲げる権利に係る出版権者（「第一号出版権者」）　次に掲げる義務

　イ　複製権等保有者からその著作物を複製するために必要な原稿その他の原品若しくはこれに相当する物の引渡し又はその著作物に係る電磁的記録の提供を受けた日から六月以内に当該著作物について出版行為を行う義務

　ロ　当該著作物について慣行に従い継続して出版行為を行う義務

二　前条〔80条〕1項2号に掲げる権利に係る出版権者（「第二号出版権者」）　次に掲げる義務

　イ　複製権等保有者からその著作物について公衆送信を行うために必要な原稿その他の原品若しくはこれに相当する物の引

渡し又はその著作物に係る電磁的記録の提供を受けた日から
六月以内に当該著作物について公衆送信行為を行う義務

ロ　当該著作物について慣行に従い継続して公衆送信行為を行
う義務」（著作81条）。

(4)　著作物の修正増減

「著作者は、次に掲げる場合には、正当な範囲内において、その
著作物に修正又は増減を加えることができる。

一　その著作物を第一号出版権者が改めて複製する場合

二　その著作物について第二号出版権者が公衆送信を行う場合

2　第一号出版権者は、その出版権の目的である著作物を改めて
複製しようとするときは、その都度、あらかじめ著作者にその
旨を通知しなければならない」（著作82条）。

(5)　出版権の存続期間

出版権の存続期間は、第1次的には、設定行為の定めるところに
より、設定行為に定めがないときは、第2次的に、出版権設定後、
最初の出版行為等があった日から3年を経過した日において出版権
が消滅する（著作83条）。一般の出版契約（ひな形）では、著作者
は、一定期間、当該著作物の全部または一部を転載ないし出版しな
い義務を負っており（出版社の排他的使用権）、その期間は、一般
に、単行本は5年、雑誌は1年である（Ⅲ4 (7) (a) (192頁) 参照）。

Ⅲ　研究倫理

1　「研究倫理」とは何か

(1)　研究者の「自律規範」

「研究倫理」とは、本来、研究者の研究活動上の自律的規範である“モラル”をいう。自律規範であるから、研究者個人の問題であって、規則などは本来必要としないものである。しかし現実では、このモラルが破られ、剽窃など、他の研究者や所属機関に迷惑をかけ、多大な損害を与えることがある。

このような意味で、現在は、「研究倫理」はモラルの問題を超え、研究者が履践すべき一定の「規準」（規則）となっているのである。

(2)　研究倫理規程の必要性

このようなことから、各大学や研究機関では、研究倫理に関する規程の設定が必須となっている。ただ、「研究倫理」の概念自体も新しく、多様な内容が独自に盛り込まれて理解されているのも事実である。いくつかの大学の状況を見てみよう。

比較的詳しいものとしては、同志社大学の「同志社大学研究倫理規準」（2005 年制定、2015 年改正）が挙げられる。同規準は、① 研究者の態度、② 研究のための情報・データ等の収集、③ インフォームド・コンセント（informed consent）、④ 個人情報の保護、⑤ 機器、薬品・材料等の安全管理、⑥ 研究成果発表の規準（捏造、改ざん、盗用）、⑦ オーサーシップ（authorship）の規準、⑧ 研究費の取扱規準、⑨ 他者の業績評価、の各項目につき、一定の研究上

の基準を示している[1]。

　また、大学による特徴もあり、医学系や生命科学系に特徴をもつ大学では、「人」に関する研究の倫理について特に詳細な規準を設けている（例えば、立命館大学[2]、同志社大学[3]）。

　早稲田大学でも、「学術研究倫理に係るガイドライン」を策定し、その中で、「研究者の責務」として、①〔研究者責務の〕基本的事項、② 研究情報等および研究に関する装置等の管理、③ 研究成果の適切な公表・オーサーシップの基準、④ 他者の業績評価、⑤ 個人情報等の保護、⑥ ハラスメントの禁止、を掲げている。また、かつて教授による研究費の不正使用が大きな問題となったことから、「研究上の不正」（ねつ造、改ざん、盗用）と「研究費の不正使用」（「研究活動に係る不正防止に関する規程」を策定）が強調されている[4]。

　このように、「研究倫理」は、研究者の全研究領域をカバーする自律的規範であるが、本書は、"論文の執筆"に特化しているので、原則として、「論文執筆に際しての倫理」を述べる。

　なお、大学院生が学位論文を作成するに当たっては、研究を指導する立場の教員（指導教授）の「指導倫理」も重要な問題なので、この点についても触れる。

---

1) 同志社大学では、この「研究倫理規準」のほか、「同社大学研究倫理委員会規程」、「研究倫理相談員に関する申合せ」、「研究倫理パンフレット」、各年度の「研究倫理相談員一覧」を公開していて、研究倫理に対する取り組みの姿勢が見られる。
2) 年度毎に、『研究倫理ハンドブック』を配布している。
3) 「同志社大学『人を対象とする研究』倫理規準」を設定。
4) 年度毎に、パンフレット『学術研究倫理ガイド』を配布している。

2 学術的「創造物」の尊重

　学術論文は、著者が"創造した"固有の「財産」である。それゆえ、"財産権の不可侵"・"所有権絶対の原則"（憲法 29 条 1 項、民法 206 条参照）と同じ原理で保護しようとするのが、著作権法の基本思想である（著作 6 条参照）。ただ、学術発展のために、<u>一定の制限の下に、他者の「使用」（すなわち「引用」）が認められる</u>ことになる（著作 32 条）。

　このことはで先に述べたが、その要諦を再論すると、次の 2 つである（詳細は、上記 Ⅰ 1 ～ 4 （150 頁以下））。

〔Ⅰ〕　先行者優先原則（プライオリティ原則）

　"創造的知見"については、最初に公表したものが優先する（著作 6 条）。「先行者優先原則」である。したがって、後続の者は、他人の創造的成果を尊重し、適切に引用<u>しなければならない</u>（著作 48 条）。先行者優先原則から当然に導かれる「引用義務」である。

〔Ⅱ〕　「適法引用」（2 つの引用原則の遵守）

　「引用」に際しては、記述したように、（α）「公正な慣行に合致する」ものであり、かつ、「引用の目的上正当な範囲内」で行わなければならない（著作 32 条 1 項後段）とともに、（β）引用著作物と被引用著作物は「明瞭に区別して認識すること」が可能であり、かつ、両著作物の間に、「前者が主、後者が従の関係があると認められる場合」でなければならない（（α）と（β）の適用関係については、Ⅰ 5 （158 頁）参照）。

　以上の 2 つのポリシーを逆に言えば、第 1 は、<u>先達の研究成果を無視することは許されない</u>こと、第 2 は、<u>不適切な引用は許されない</u>こと、である。この 2 つの倫理性に反する著作物は、「財産権侵

害」の側面 5) は別として、もはや研究成果とはいえず、<u>学術的に無価値</u>である。新たな創造でもなければ、真理の探究でもないからである。

3 「反倫理的行為」の類型

「研究倫理」は、著作権法の精神でもあり、研究者の基本倫理でもある。では、どのような行為が、それに違背する「反倫理行為」とされるのか。大きく分けて、次のような類型があろう。

(1) 「剽窃」（窃盗）行為

第1は、「剽窃（ひょうせつ）」である。これは、他人の著作物を、自分のものとして公表してしまうことである。したがって、刑事法的には、<u>「窃盗行為」</u>に該当しよう。学術論文で問題となるもののほとんどが、「剽窃」（窃盗）である。

(2) 「フリーライド」（freeride ただ乗り行為）6)

第2は、「フリーライド」（freeride）であり、「ただ乗り行為」といわれるものである（なお、「フリーライド」と次掲の「ターニッシュメント」とは、多くのケースでは重なっているが、要素が異なるので、本書では分けて扱う）。<u>既に名声を博している他人の著作物に似せて、タイトルの文字などを変え、その名声にあやかろうとするもの</u>

である。

　フリーライドに関しては、「面白い恋人事件」が有名であろう（ある企業が北海道の銘菓「白い恋人」に似せて「面白い恋人」を発売したことにつき、「白い恋人」側が、「面白い恋人」側に対し、商標権侵害を理由として販売差止等を請求したもの。ただし、この事件は、次の(3)にも関係しよう）。

　また、1990年代頃には、"ADIDOS"（ADIDASの真似）や"ELESE"（ELESSEの真似）などのTシャツが見られ、中国製バイク名には"HONTA"（HONDAの真似）もあった。現在でも中国の吉林省長春市にある大きなデパート"銀座"は、著作権侵害とはいえないが（「銀座」名に著作権はないであろうから）、日本の「銀座」にあやかったフリーライドといえよう。

(3)　「ターニッシュメント」（tarnishment 評判や名声を傷つけ又は落とさせる行為）

　第3は、「ターニッシュメント」（tarnishment）であり、<u>既に名声を博している他人の著作物</u>を、「<u>傷つけ又は落とさせる</u>」行為である。多くの場合、パロディやシニカルな表現が使われるのが普通である。前記した「面白い恋人」事件においては、「白い恋人」という特定のイメージが、「面白い」というパロディがかった表現となったことにより、その名声が傷つけられたという側面もあるから、ターニッシュメントの要素も入っていよう。

④　「剽窃」の態様

　学術論文で問題となるのは、「引用」をめぐる問題である。剽窃

も、その一つである。そこで、「引用」との関係で、「剽窃又はそれに類似する行為」を取り上げ、どのような場合に「反倫理的行為」とされるか、具体的に考えていこう。なお、ここでは、表記上、被剽窃論文を〔A論文〕、剽窃論文を〔B論文〕とする。

(1) 「剽窃」（他人の研究成果の盗用）

(a) 「剽窃」の典型——「引用」がなく自分の研究成果として公表

「引用」がなく、他人の研究成果を自分の研究成果として公表する場合である。論文の内容が「まったく同一である」場合はもちろんだが（これはあまり見られないが）、表現を変えたり、叙述の順序を入れ替えるなどしても、その内容や主張に「ほぼ同一性が認められる」場合は、この場合に当たる。

> 〔例003〕 〔A論文〕は、留学生Aがある国際的な研究会で発表したもので、その資料も、引用文献も含め、詳細なものであった。ところが、その数か月後、その研究会に参加していた他国の大学院生Bが、〔A論文〕とほとんど同じ内容の〔B論文〕（表現は多少異なる）を、自国のインターネット上に論文として掲載した（〔A論文〕の引用はなし）。Aのクレームを受けたA所属の大学院では、学外者を含めた3名の専門家に調査を依頼し、その結果、異なる部分はあるものの全体的にほぼ同一であるとの報告を受けた。この結果をB所属国の大学院に伝えたところ、B所属大学院長は責任を痛感し、Bに〔B論文〕のインターネット上からの撤回手続をとらせた。

　これによってＡの名誉も回復されたが、もし、このようなことをしないと、Ａが帰国して自分の論文として公表した場合には、逆に、Ｂから剽窃の主張をされることになりかねないのである（Ａ君の苦情の主旨もそこにあった）。

　なお、余談であるが、修士論文や博士論文が公表される前に行う公開の報告会などでは、引用文献をレジュメから省略して報告するよう指導している（指導教授に対してはもちろん全部開示させる）。上記〔Ｂ論文〕の例ように、公表前に他の大学院生に貴重な資料やデータが使われて、先に公表されるおそれがないとはいえないからである。報告者の利益を保護することも、一つの指導であろう。

（b）　先に出版された場合

　上記では、〔Ｂ論文〕が正式な手続によって撤回されたから、それ以上の問題は生じなかったが（ただし、所属大学院での処分は別問題）、しかし、〔Ｂ論文〕が、Ｂの著作物として出版された場合はどうであろうか。

　プライオリティ原則からいえば、先に公表したＢに優先権があるから、出版の撤回などを請求することはできないであろう。ただし、後に説明する「研究会での研究報告の剽窃」（187頁）として、その倫理性を問うことはできよう（所属大学の倫理委員会等に対する申立である）。

（c）　未公刊の「学位論文」の剽窃

　次に、公刊（出版）されていない「学位論文」の剽窃である。

　〔例004〕　指導教授Ｂが、自分の指導する学生が執筆した学位論文等につき、これを自分の研究の一部として自分の著作物を出版することは、著作権侵害に当たる。

> たとえそれが共同研究であったとしても、<u>共同著作者の承諾を得ていない場合には、剽窃となる。</u>

　「学位論文」は、出版されていなくても、審査委員会の審査報告を経て教授会が承認したものであるから、「公開」（公表）された著作物といえる。また、「博士学位」については、「博士の学位を授与された者は、当該博士の学位を授与された日から1年以内に、当該博士論文の全文を、公表しなければならない。ただし、当該博士の学位を授与される前に、公表されているときは、この限りではない」（大学学位規則）とされている。したがって、公刊（出版）されていない場合であっても、剽窃・著作権侵害に当たる。

(2) 「不適切な引用」

　現実に「剽窃」が問題となるのは、上記のような明白な剽窃行為ではなく、「引用」はあるので剽窃とまでは言えないが、「適切でない引用」の場合である。もちろん、意識的に行われる場合である。

　(a) 形だけの引用

　i 「引用」は飾り（プライオリティ違反）　先に、「引用」については、非引用論文と引用論文は、「主・従」の関係にあり、先に公表した非引用論文〔A論文〕にプライオリティがあるから、〔B論文〕は、同格的引用ではいけないといったが、この原則に反する例が見られる。〔A論文〕は、<u>単なる形式（飾り）として引用されている</u>に過ぎないのである。

> 〔例005〕　〔B論文〕は、〔A論文〕を引用しているものの、

〔B 論文〕の表現または主張内容が、〔A 論文〕の内容と「まったく同一」か、または「ほとんど同一」である場合。

　実をいえば、この形態の剽窃が大変多いのである。このような引用では、〔A 論文〕のオリジナリティは全く無視されていよう。もし、〔B 論文〕だけを読み、〔A 論文〕を読んでいない読者は、その独自的主張（オリジナリティ）は〔B 論文〕にあると誤解するのが普通である。後続の研究者もこれを信じて同様の論調をするに至ると（それ自体が手抜きなのであるが）、〔A 論文〕はほとんど見向きもされないことになる。

　前に指摘したように（**第4部** **Ⅰ** **④**（157頁））、すでに〔A 論文〕が甲という主張をしている場合に、〔B 論文〕も甲の主張をするのであれば、「A 論文も同旨」などとする同格的な引用ではなく、「A 論文に賛成する」趣旨の従属的な引用でなければならない。著作物には、公表順による「先行者プライオリティ原則」があるからである。公表の先後関係は明らかであるから、当然ながら、A は、B やその他の後続者に対してクレームをつけることができる。とりわけ、客観性が要求される「学説史」の叙述においては、重要な規範といってよい。

　ii　翻訳文による剽窃　　剽窃は、自分で翻訳した文章であっても、原文の剽窃であることに変わりはない。

　〔例 006〕　〔B 論文〕は、ドイツのモノグラフィである〔A 論文〕を単なる参考論文として挙げていたが、しかし、〔B 論文〕は、最初から 2 ページにわたって〔A 論文〕の翻訳

文そのものであった。執筆者Bは、それをプライベートに指摘された結果、その数年後に〔B論文〕を含めて1冊の研究書として出版した際には、その該当箇所は一切削除されていた（原論文は、今では幻の論文となっている）。

翻訳文は、自分が翻訳したにせよ、自分の固有の思考に基づく文章ではないから、他人が読んでみると、その前後の語調からして、明らかに異質な文章であることがわかるのである。翻訳文は、「　」で括って明らかにするとか、引用注を付けるべきである。

(b)　「引用」に頼りっきり

自分の主張のほとんどが、引用に頼りっきりのものである。この点については、既に述べた（Ⅰ 4 (2)（155頁））。修士論文などでよく見られるのは、「判例の検討」と称して、大量の判例を引用しているものの、自分の意見はわずかな注記であるような場合である。

判例を検討するというなら、1つ1つの判例について、全体の視点（自分が設定した分析視角）から分析しなければならない。判例の羅列などは、ほとんど意味がない。

(c)　主・従関係（質的量的関係）が逆転

〔B論文〕（引用論文）と〔A論文〕（被引用論文）とは、質的にも量的にも、主・従の関係になければならない。ところが、この関係が逆転しているものがある。この点については、既述したので（Ⅰ 4 (2)（155頁）参照）、上記 (b) の問題と併せて考えてほしい。

(d)　引用部分の解説に過ぎない論文

この点は、特に、実定法領域の修士論文などにおいて、「学説の検討」、「判例の検討」などの項目の中で見られることがある。それは、多くの場合、肝心の「仮説」が見つからないために、"何とな

く"学説や判例を検討しているような体裁を取らなければならないからである。主張が定まっていないまま、提出の締め切りに追われた学生がとる共通した傾向であろう。

(3)　図表・画像等の剽窃

　図表・画像・映像なども、その作者または撮影者の創作物である。したがって、そのコピペや切り貼りも、当然に剽窃に該当する。この点につき、日本学術会議は、論文の盗用や図画の切り貼りなど不正の具体例として挙げ、<u>故意でなくても「研究者としてわきまえるべき基本的な注意義務」</u>を怠った場合は、<u>不正と判断すると</u>している[7]。

　ここで、私の図表がウィキペディアで無断盗用されている例を挙げよう。

　〔例007〕は、私の『民法講義Ⅳ〔債権法総論〕』（初版1994年2月2日・成文堂）の中に入れた図で、利息の制限に関する法規制を示したものである。これは、① 利息の制限が段階的規制であること、② 高額な利息については厳罰（刑罰）が待っていること、③ その中間に「グレーゾ

〔例007〕（金利制限・原本1994年）

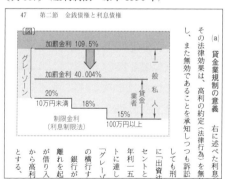

7）読売新聞 2014年8月14日。

ーン」があり、ここは、利息制限法の規制には反するが、刑罰が加えられるわけではないから取ってもかまわないこと、それゆえ、ここに、刑罰ギリギリの利息を取るサラ金業者が蔓延ること、を説明したものである。

当時は、法律書で図などが入っているものは皆無であったし、二色刷りも、拙書以外にはなかった。私は、同時に、大教室の講義でもこの図を使い、〔例008〕カラフルなパワーポイントに映し出して説明していた。その

〔例008〕（講義でのパワーポイント）

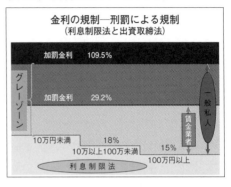

〔例009〕（Wikipedia）[8]

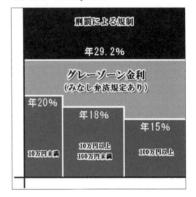

うち、弁護士などがウェブ上で類似の図を使って解説などをしていたことを知っていた。ところが、〔例009〕ウィキペディア（Wikipedia）を見ると、ほとんど同一の図が使われているのである。無断盗用と言わざるを得ないのである。

---

8) Wikipedia「グレーゾーン金利」の項目（2021年8月24日現在でも存在してする）。

　なぜここでわざわざ、自分の例を出したかというと、ウィキペディアは大衆性がありポピュラーであるから、目につく人も多いであろう。そこで、私の著書を読んだ人が、この図は、ウィキペディアからの盗用ではないかと疑いをかけてくるかも知れない。そうではなくて、ウィキペディアの方が私の図を剽窃しているのだということを、著者としても示しておいたほうがいいと思ったからである。

(4)　教科書類の"パクリ"

　参照した先行の教科書類をまったく示していないものがある。ちなみに、教科書などを執筆する際に、まったく何も見ないで、体系的にも理論的にも詳細に論述していくことは不可能に近く、何がしかの先行書を参照しながら書いているはずである（と私は思う）。このようなことは、これまでは大目に見られてきたが、今後は、注意して引用しなければならないであろう[9]。

　なお、学生のレポートなどでは、"パクリ"は大流行であって、それが発覚し、教授会で「不正行為」として処分されることもしばしばある。

(5)　アイディアの剽窃

　剽窃は、文章だけでなく、「アイディア」や「分析・解析方法」も含まれる[10]。これらのの剽窃も、大変多く見られるものである。

---

[9]　河上正二教授のご教示による。なお、河上正二『民法総則講義』（2007・日本評論社）「はじめに」ⅱ頁参照。

[10]　榎木英介「『研究不正の研究』で研究不正の衝撃」Yahoo!Japan2019 年 10 月 4 日。医学系であるが、「予備実験などを行った研究者が、のちに実験データを別の研究者が取り直したからという理由で、論文の著者から外されるケースがある。予備実験を行う際にアイディアを出し、分析・解析方法の工夫などを行っているとするならば、盗用にあたることになる」とする。

ある意味では、現実味を帯びた深刻な問題を孕んでいるかもしれない。

(a) アイディア（理論）の発見

　剽窃ではないが、アイディア（理論）の発見について、閑話として少し触れよう。民法（担保法）の領域では、「担保価値維持義務」は、今ではポピュラーな言葉であるが、この概念は、手前味噌ながら、私が言い出したものである[11]。30年以上も前になるが、最初の著書である『担保物権法』（初版 1988・弘文堂）は、その大半をハワイで執筆していた。

　ある日、「抵当権侵害」の項目をすべて終了した後で、一つの疑問がよぎった。当時、抵当権設定者が担保物を毀損するなど価値減少行為を行った場合は、「抵当権侵害」に当たり、このことに異論がなかった（現在でも大半の学説はそう考えている）。しかし、担保設定の当事者間では、<u>信頼関係を基礎とした特殊な関係</u>（これを、「担保関係 Pfandverhältnis」とした）にあるから、<u>設定者に担保物の価値を維持すべき義務があるのは当然</u>であり、これを「侵害」という理論で捉えるのはおかしいのではないか？　という疑問である。この疑問が正しいとすると、もし、設定者が価値を減少させたというのなら、債権者は<u>当然</u>に増担保を要求できるとしなければならないであろう。「侵害」理論で処理するならば、当事者間での取引関係が終了するという前提を取らなければならない（→しかし、信頼関係で結合している当事者双方は取引関係の終了を望んでいない）。他方、我妻博士は、増担保を請求できるのは当事者間に「特約」がな

---

[11] 近江幸治『担保物権法』（初版 1988・弘文堂）156 頁以下。片山直也「日本における担保価値が低下した場合の債務者の義務」近江幸治＝道垣内弘人編著『日中韓における抵当権の現在』（2015・成文堂）115 頁参照。

ければならないと言っており、これが実務界の通説であった。

　この考え方が、私の考えを決定づけたのである（そうではない、という意味で）。折しも、不法行為理論の深化により流行していた義務理論構成に発想を得て、抵当権の「侵害」は、第三者による侵害と設定者による侵害とでは意味が違うはずであり、設定者は、<u>侵害ではなくて、取引継続（信頼関係）を前提とした「担保価値維持」義務</u>を負っていると解さなければならない。「侵害」という用語は、第三者による侵害行為に限定されなければならないのである [12]。

　「担保価値維持義務」は、その後、最高裁大法廷判決（平成 11 年 11 月 24 日）で追認されたことになるが、基本的概念としては、<u>抵当権「侵害」の問題の本質を理解し、信頼関係に基礎を置く「担保関係」理論を前提としなければ、成り立ち得ない理論である</u>。

　（b）　研究会での研究報告の剽窃

　研究会での研究報告が剽窃され、大学間の大きな問題となったことは〔例 003〕で既述したが（④ (1)（178 頁））、このことは、指導教授や同僚による剽窃もあり得る。

　　i　指導教授による学生の研究報告の剽窃

> 〔例 010〕　　学生の公表論文ではなく、学生 A が研究会等で報告した〔A 研究〕に関して、それと同じ内容の事柄を、指導教授 B が先に〔B 論文〕等で発表する場合。

　上記〔例 004〕（④ (1)（c）（179 頁））では、指導教授が学生の学位論文を剽窃した例を挙げたが、この場合は、公表されたものでは

12）このときの事情は、「酒とバラの日々」の一つの想い出として述懐してある。近江幸治「一枚の写真から――ハワイでの執筆」受験新報 592 号（2000 年 6 月・法学書院）6 頁以下。

なく、学生の研究会での研究成果を、指導教授が勝手に自分の論文として発表してしまう場合である。

　学生Aは、もはやその〔A研究〕内容を論文として公表できないことになる。指導教授として、このようなアイディアの盗用は、絶対に許されない。これは、指導教授の「指導倫理」にも抵触する問題なので、後述する。

ⅱ　同僚・参加者による剽窃

> 〔例011〕　　研究会において、報告者Aが独創性のある〔A研究〕の報告をしたところ、研究会の参加者Bが、〔A研究〕と同じ内容を、先取りして〔B論文〕として発表してしまう場合である。特に、先輩のベテランの学者となると、それを論文にすることなどは簡単であるし、公表するルートも多く持っているから、先に公表することは容易である。

　この場合も、報告者Aは、せっかく自分で発想した独創的テーマについて、自分の学説として論文発表をすることはできなくなる。「公表」にプライオリティがあるからである。往々にして、若い学者が被ることが多い。

　研究会は、あるテーマについて関心のある研究者が集まり、報告し、それぞれ意見を述べあい、批評する場である。それゆえ、複数者が集まる研究会における報告は、それ自体「公表」であることは疑いない事実であるから、先に公表した者Bに対し、反倫理行為として異義を述べること（自分にプライオリティがあることの主張）ができよう。

　「公表」は、必ずしも印刷物である必要はなく、複数者が参加している場での報告も「公表」に当たる。しかし、それ以上に重要な問題は、先に公表してしまった者Bの行為は、「研究者倫理」に著しく反する。

　また、このようのことがあり得るから、研究会では、自説の根拠としている資料に貴重性がある場合には、<u>この時点で</u>全部を開示することには慎重になったほうがいい。

　⒞　影響するアイディア

> 〔例 012〕　〔A 本〕が、改訂版で、<u>それまで誰も触れてこなかった</u>国の甲政策（地域福祉権利擁護事業）を新たに記述したところ、〔B 本〕もまた、その後の改訂版で甲政策の記述を追加した。明らかに、〔A 本〕の改訂箇所を見ているのである。

　甲政策は、歴とした国の政策であるから〔A 本〕に論述のプライオリティがあるというものではないし、したがって、倫理性の問題も生じない。ただ、それが度を超せば、いわゆる "アイディアのパクリ" といわれる部類に入ろう。もう少し、オリジナリティを出してほしいものである。

　⒟　授業でのアイディア

　アイディアというのは、個人の特有な発想である。先に、私の図表がウィキペディアによって剽窃されている例〔例 007〜009〕を出したが、私は、2005 年から、授業はすべてパワーポイントで行ってきた。授業で行ったことや言ったことはウェブや SNS に流れることはよくあり、前掲したウィキペディアの図表も、その配色な

どから、原本〔例007〕からの引用というより、「授業」でのパワーポイントのものを使っているのであろう。

　「授業」は、一つの「公表」の場でもあるから、その内容について独自性があるとすれば、そのプライオリティは、授業の担当者にあるというべきであろう。

　なお、私は、授業で使っているパワーポイントの図表につき、フリーのもの以外は創作者の許諾を得て使っているので、デジタル・コンテンツとしては学生に提供しない。二次的流用を防ぐためである。ただ、授業の方法の一つとして、パワーポイント画面を、他に流用しないという条件で、スマホやデジカメなどで撮影することは許可している。ところが、最近、それを、ツイッターやその他のSNSに、無断で流している学生がいることがわかった。あるときは、期末試験に際して良くない例として出した答案の写真までがツイッターに載り、削除させたこともあった。このようなルートで、授業のアイディアなどが流出するのであろう。

(6)　翻訳（二次的著作物）の剽窃

　翻訳（二次的著作物）について、先行者の翻訳文をそのまま使うことも、剽窃であることは明らかである。既に存在する翻訳を流用し、あたかも自分が原典に当たったかのような"翻訳の孫引き"の場合である。ただ、この場合は、判定が困難であろう。この剽窃が発覚するのは、先行者が独自に考えた訳出表現が使われているときや、原典が希有な文献のときである。

〔例013〕　　あるテーマについて、当該原典文献を〔A論文〕が初めて引用して訳出していて（原典文献を発掘し

た！）、その後、同じテーマについて、〔B論文〕が、〔A論文〕を引用もしないで、あたかも自分が独自に発見したような形で当該原典文献を引用し、訳出している場合がある。

　原典文献が19世紀頃の古いものであまり手には入らないような希有なものであれば、〔A論文〕の著者は、Bがどこからそれを入手したか訊きたいものであろう。孫引き〔例002〕、プライオリティ違反〔例005〕の問題と共通する問題でもある。

　なお、学生のレポートなどでは、自動翻訳機（翻訳ソフト）を使った翻訳文がそのまま使われることがある。自動翻訳機による翻訳文は、人間の翻訳とはまったく異なっているから（現状では）、一読しておかしいことがわかる。「試験の不正行為」として、しばしば処分の対象となっている。

(7)　資料・データの捏造・改ざん

　資料やデータを捏造し又は改ざんするなどは、多くは、新たな知見として自説を主張する場合に使われよう。医学系や理学系では、臨床実験の結果を決定づけるから、その証明としての資料やデータは重要である。そして、その捏造、改ざんが大きな社会問題（研究倫理問題）となったのも、この領域である。

　しかし、社会科学は、資料やデータが確定的に結論に直結する自然的事象（自然法則）を扱う自然科学とは異なり、社会的経験が高度な蓋然性をもって一定の結論を導いているとする社会事象（社会法則）を対象とする学問であるから、データの「捏造・改ざん」などはあまり見られない（というよりも、捏造や改ざんなどをしても、

「絶対的な結論」を導くわけではないから、意味がない)。

登記・登録関係や成年後見審判などでは、多くの統計的資料が使われ、また他書から引用する例が見られる。特に入手が困難な資料ならともかく、一般には官公庁のホームページで公開しているはずだから、その借用で間に合うだろう（ただし、その場合には、「〜に依る」などの出典の明示が必要である)。

(8) 自己の著作物の流用（転用）

論文等の著作物については、その著作者が「著作権（財産的権利としての著作権)」（著作21条以下）を有する。そこで、著作物をいったん雑誌または刊行物として公刊した場合、それを著者が、他の雑誌または刊行物に掲載することができるか、である。これは、著作者のモラルの問題であると同時に、出版社の「出版権」（著作79条以下）に抵触する問題でもある。

(a) 「出版権」の侵害

一つの出版社との間で「出版権」が設定された場合（出版契約の締結)、その出版社は、出版に関して「専有」権限を有するから（著作80条1項)、著作者は、同一の論文等を、一定の期間は、他の出版社から出版することはできない（詳細は、Ⅱ ３ (5)（172頁）参照)。

「一定の期間」とは、第1に、特約があれば特約で設定された期間である。一般の出版契約（ひな形）では、著作者は、一定期間、当該著作物の全部または一部を転載ないし出版しない義務を負い（出版社の排他的使用権)、その期間は、単行本は5年、雑誌は1年とされている。したがって、この期間内に著作者が他の出版社から同一物を出版した場合には、出版権の侵害に当たる。

　第2に、特約がない場合には、出版権の存続期間ということになる。出版権は、出版権設定後、最初の出版行為等があつた日から3年で消滅する（著作83条）。

　ただし、このような期間の制限があっても、著者が特に自分の単行本の中に収録したいというときには、出版社との協議で認められていよう。

　(b)　二重掲載

　同一論文を、複数の本又は雑誌に掲載させた場合の問題である。

> 〔例014〕　Aは、自分の論文をB古稀論文集に投稿して掲載したが、さらに、同一論文を、ほぼ時期を同じくしてC古稀論文集にも投稿した場合。

　出版権の侵害であることは間違いないが、しかし、B出版社もC出版社も二重投稿の事実を知らないであろうし、ほぼ同時であれば、B・Cいずれが独占的な出版権を有しているかは判然としないであろう。実際上、出版契約も厳格に運用されていないであろうから、現時点では、執筆者の自主的な倫理性の問題としかいいようがない。

5　論文の「代筆」

　「代筆」とは、自分で書かないで、他人が代わって書くことをいうが、学術論文の代筆などは言語道断というべきであり、本書で取り上げることも躊躇する。しかし、現実にあるのだから、取り上げざるを得ない。

(1)　製薬会社による医師の論文の代筆

〔例015〕　　製薬会社の患者調査に協力した医師が発表した論文につき、同社が事実上代筆していたもので、「同社がデータを集計、原稿を下書きした」という。当該論文は医学誌に医師の名で発表され、筆者に会社関係の名前はなかった[13]。

　論文は2本とも昨年撤回されている。また、この事件で、医師の代理人弁護士の「製薬会社と協力して論文を作るのはこの業界では当たり前。医師は内容はきちんと確認している」とのコメントも問題であろう。「この業界では当たり前」というのは、「慣行」とでも言いたいのであろうが、正当化する理由にもならない。

(2)　論文代行業も存在

　ウェブを見ると、「卒論・レポート代行」業者も存在し、レポートは2,000字2万円、卒論は1万字10万円（2万字20万円）、研究論文の添削・指導4,000字4万円、修士論文4万字40万円（1ヶ月）などの価格表もある。ここでコメントする必要もないであろう

6　自由な研究の保障と「指導倫理」

(1)　指導教授の役割──「学位論文の完成」

　大学院において、指導教授は、何を「指導」するのか？　それ

は、「学位論文の完成」である。

　指導教授は、自分を「指導教授」として学生を受け入れた以上、<u>学生の学位論文完成の一端を担っており、したがって、それを完成させる責務がある</u>というべきである。したがって、指導教授は、学生が学位論文を完成できないのは、自分の責任でもあるという自覚がなければならない。

　博士論文にしても（ましてや修士論文ではなおさら）、研究が緒に就いたばかりの学生が書く論文原稿は、まだまだ未熟なところがある。報告をさせても、研究目的が明確でないとか、収集した資料が不十分とか、その他、目に付くところが多い。しかし、これを、単に「批判」するだけ（もっときちんとやれ！と叱責するだけ）なら、指導とはいえない。

　このような粗い論文原稿について、何が欠点なのか、学生が研究の主眼とするところは何なのかなどを、まず引き出し、その上で、研究計画の立て方、論文項目の立て方、判例・学説の処理方法、文献の収集の仕方などを、<u>いちいち指摘して</u>、最終的に、「博士論文」・「修士論文」として完成させ、学位を取得させることが、「指導教授」の「指導」の内容なのである。

　だから、学生が「論文を書けなかった」というなら、その一端の責任は、指導教授の指導の仕方にもあるのである。

(2)　学生からみた「指導教授」

　「指導教授」とは、上記のように、「学位論文の完成」のための最も重要な人的装置である。それゆえ、その装置をどう使うかは、学生の意欲とアプローチに係っている。

　したがって、重要なことは、自分の研究しようとする内容や進捗

状況を、常に指導教授に知らせておく必要があろう。指導教授の側からしても、多くの学生を抱えているので、一人一人について、教授の方から「研究状況はどうか？」などと訊ねる余裕はないのが普通だからである。指導教授とのこのようなコミュニケーションがとれれば、十中八九、論文を完成させることができるであろう。

　ただし、「指導教授」の立場から、次の2点について、あえて言わせてもらうと、——

　　① 20名中1名くらいは、落伍者が出てきたことは事実である。このことについては、経験上、「指導」の問題ではなく、学生の研究者としての資質の問題であるといわざるを得ない。

　　② 博士論文および修士論文については提出日が定められているが、提出締切日ギリギリになって提出してくるものが少なからずあるという事実である。この場合、指導教授としては、指導しようとしても、それができない状況にある。当該論文については、時間的に、もはや訂正のしようがないのである。このようなことから、ドロップしたり、または評価の低い者が出てくる。

　以上のことからいえることは、「指導教授をうまく使え！」ということである[14]。

(3)　「自由な研究の保障」

　大学院生に対して、修士論文や博士論文の指導に当たる場合には、「研究指導」上の倫理も、研究倫理の一つとして考えなければならない。そして、それは、「学生の自由な研究を保障すること」

---

[14]　学生の中には、「指導教授とは馬が合わない」などといって、指導教授と連絡を取らない学生もいよう。しかし、それは自分の損失であるし、大学院に進学した目的を捨てることでもあろう。指導教授とコミュニケーションをとって、それでも「馬が合わない」というなら、指導教授を変更する手続きを取った方がいい。

に尽きる。

> 〔例016〕　研究者の数が少ない法制史学などで、自分はこの時代の専門家だから、学生にはそれ以外の時代でなければ研究させない（そうでなければ博士課程に進学させない）とする指導方針をとっている場合。

「この時代では、自分がいるから、他に研究者はいらないということ」であるが、学生の自由な研究を阻害するもので、指導倫理に反しよう。

> 〔例017〕　大学院生が論文を機関誌に投稿する際には、一般に指導教授の承認が必要である。その際、正当な理由もなく承認しないこともある（その結果、当該学生は、論文を公表できないことになる）。

このような例では、学生が選択したテーマや思考方法が原因していることもあるが、教員・学生間に意思の疎通がないときに、まれに見られる。ただし、この問題は、掲載条件として「査読」が必要な場合において、査読の結果として否定されたときは、別問題であることはいうまでもない。

> 〔例018〕　国際法関係など専攻分野がA・B・Cと細分化されかつ特殊性をもっている領域で、Cの学生がA領域の論文を書きたいと希望している場合に、A担当の教員がこれを書かせなかったり、A専攻に移籍を強要する場合。

「自由な研究の保障」を無視した行為であり、指導とはいえない。特に現代では、学際的な領域での学問の乗り入れが必要であって、そのような学生の意向を否定してはならない。学生の意向に沿った形で、自由に研究をさせることが「指導」であって、その際、必要があれば、学生に、希望する分野の専門学者を積極的に紹介すべきである。

　ともあれ、学生には、論文のテーマおよび内容に関して、"自由な研究を保障"しなければならない。テーマ等の選択などに関して学生から相談を受けた場合でも、その関心がどこにあるのかを十分聞いた上で、最終的には、学生に判断させるよう指導することが好ましいのである（前掲 **第1部** **Ⅱ** **1** (1)・(2)（20頁以下）参照）

(4)　留学生に対する指導

　最近は、大学院生の中で外国人留学生の数が増え、半数以上が留学生である大学院も多いであろう。「研究指導」という意味では、日本人学生と異なるところはないが、しかし、「留学生」に対しては、特別な配慮をする必要があろう。

(a)　日本語会話能力の向上

　第1に、日本語会話能力を向上させる必要がある。日本語会話がスムーズでないと、指導にも事欠くからである。特に、留学生が婚姻している場合などでは、家庭内での会話が多いから、日常会話がなかなか上達しないことが多い。指導教授は、常日頃から、コンタクトを取っていることが肝要である。

(b)　日本語文章能力の向上

　第2は、日本語文章能力を向上させることである。日常会話はス

ムーズに行えても、文章については、日本語として意味が通らない
ことも多い。ちなみに、留学生が機関誌に投稿する論文について添
削をすることがあるが、意味不明な文章を、本人の意向を確認しな
がらやりとりしていたりすると、2日くらい費やすのが常である。
これも、指導教授の宿命であろう。

（c）　生活指導

　第3は、留学生に対しては、生活指導も怠ってはいけないことで
ある。留学生が日本に来て、「衣・食・住」の問題で悩んでいるこ
とは、我われが外国に留学したときのことを考えれば、よくわかる
はずである。であるから、できるだけアドバイスをしてあげたい。
ただし、アパートに入居する際の保証人になるべきではない。トラ
ブルが生じた際には、その全責任を負わなければならないからであ
る。このため、早稲田大学では、教職員は留学生の住居に関して保
証人にならないとする了解事項があり、その手当として、系列の不
動産会社を紹介している。

（5）　パワー・ハラスメント

　「指導倫理」は、多くの場合、「パワー・ハラスメント」と結合す
る。「パワー・ハラスメント（パワハラ）」とは、厚生労働省によれ
ば、「職場内で優位な立場にある上司や同僚が、<u>業務の適正な範囲
を超えて精神的・身体的な苦痛を与えたり職場環境を悪化させたり
する行為</u>」であると定義し、その具体的な行為については、次の6
つに分類する[15]。

　①　暴行・傷害など身体的な攻撃

15）NHK Newsweb 2012 年 1 月 30 日。

②　侮辱・暴言など精神的な攻撃

③　職場で隔離や無視をすること

④　不可能な仕事を強制すること

⑤　能力や経験とかけ離れた仕事を命じることや仕事を与えないこと

⑥　部下などのプライベートに過度に立ち入ること

　これら各項目については、もはや説明入らないであろう。そして、上記した「指導教授による学生のアイディアの剽窃」（4（5）（b）ⅰ（187頁））などのケースは、「研究倫理」、「指導倫理」に反する行為であるが、他面において、「パワー・ハラスメント」の規律にも抵触する問題である。

　ただ、本書は、研究指導の実質性を問題としているので、「パワー・ハラスメント」の視点からの問題は扱わない。

第5部　資料1
文献引用の表示方法
（出典の明示）

　　学術論文では、すでに公表されている著作物や資料等については、これを尊重し、必ず引用しなければならない。その引用方法は、簡明で統一されていることが好ましい。このような目的から、法律編集者懇話会（特定非営利活動法人法教育支援センター）により「法律文献等の出典の表示方法」が作成され（1989年）、現在の法律文献の引用方法の標準となっている（**第4部** **I** **6**（1）（b）（159頁）参照）。

　　以下では、その2014年版を許諾を得て掲載するが、ただ、これは、提案された一つの引用形式であるから、必ずこれに従わなければならないというものではない。実際に、執筆者の立場から作成されたものでないため（160頁参照）、「前掲文献」の注の表記など使いづらいものがあるし（207頁参照）、情報もアップデートされていない。そこで本書では、上記表示方法を基本として、一部情報の追加や更新・入れ替えを行っている。

　　いずれにせよ引用の要は、一目して、<u>誰（作者）の、何（題名と公表年）の、どこ（頁）を引用</u>しているのか、明白であればよいだけのことである。それを踏まえた上で、筆者にある程度の許容性があることは当然である。

　　法律以外の社会科学や人文系では、法律系のような特定の形式はとられていないし、学界（学会）によっても異なっている。そこで、参考のために、社会科学一般の文献引用方法として早稲田大学公共経営大学院の形式を紹介するほか、人文系学会の引用方法も簡単に紹介する。

I 文献引用の表示

1 雑誌論文

> 執筆者名「論文名」雑誌名 **巻 号 頁（発行年）**、又は〔アンダ
> ーライン部分。以下同じ〕、**巻 号（発行年）頁**

〔例〕① 山口厚「刑法典—過去・現在とその課題」ジュリ 1348 号
　　　　 2 頁以下（2008）

　　　② 大村敦志「大きな公共性から小さな公共性へ—「憲法と
　　　　 民法」から出発して」法時 76 巻 2 号（2004）71 頁以下

〔注〕1）当該論文のサブタイトルは、表示することが望ましい。

　　　2）特集題を表示するときは、末尾に（　）に入れて（特集　刑法
　　　　　典の 100 年）などと表示する。

　　　3）「　」の中の鍵括弧は『　』を使用してもよい。

　　　4）頁は「ページ」ではなく、「頁」と表示する。当該巻号の引用
　　　　　頁で表示するのを原則とするが、合本にした場合等で通し番号
　　　　　があるときは、それを表示してもよい。

　　　5）発行年は表示することが望ましい。和暦で表示してもよい。

　　　6）巻・号・頁は、「—」（ダッシュ）又は「・」（ナカグロ）で略し
　　　　　てもよい。

　　　　　例；国家 73 — 7 = 8 — 1

　　　7）再収録された論文集があるときは、その論文集名を掲げる。
　　　　　論文集等の発行所名、頁は表示することが望ましい。

　　　　　例；書名（発行所、発行年）所収、○○頁以下

　　　8）定期刊行物の略称は、本書 225 頁以下に掲出。

2 単行本

(1) 単独著書の場合

> 執筆者名『書名』頁（発行所、版表示、発行年）、又は、（発行所、版表示、発行年）頁

〔例〕塩野宏『行政法 (1) 行政法総論』121頁（有斐閣、第5版、2009）

〔注〕1) 書名は、原則として『 』で括るものとするが、「・」（ナカグロ）でもよい。

　　　例；塩野宏・行政法 (1)（有斐閣、第5版、2009）121頁

　　2) 上記の例では、「行政法 (1)」をタイトルに、「行政法総論」をサブタイトルにしているが、これらについては、本扉及び奥付に基づいて判断する。

　　3) シリーズ名、サブタイトル、発行所、発行年は、原則として表示する。

　　4)「第一巻」などの巻名は、原典どおりとせず、(1) などと表示してもよい。

　　5)「改訂版」「新版」等が、書名に表示されている場合は書名の一部として表示し、書名に表示されていない場合は、（ ）内に表示する。なお、初版本については、版表示は表示しない。

　　6)（発行所、版表示、発行年）の順序については、（発行年、版表示、発行所）でもよい。

(2) 共著書の場合

> 共著者名『書名』頁〔執筆者名〕（発行所、発行年）

〔例〕小野晶延＝松村信夫『新・不正競争防止法概説』91頁（青林

書院、2011）

〔注〕1) 出典表示の方法は（a）単独著書の場合を参照。

2) 共著者が3名以上の場合は、1名のみ表示し、その他の共著者名は「ほか」と表示する。

3) 共著者をつなぐ記号は、「・」（ナカグロ）でもよい。

(3) 編著書の場合（所収の論文表示を含む）

(a) 一般

> **執筆者名「論文名」編（著）者名『書名』頁（発行所、発行年）、**
>
> **又は、**
>
> **編（著）者名『書名』頁〔執筆者名〕（発行所、発行年）**

〔例〕① 岡部喜代子「共同相続財産の占有をめぐる諸問題」野田愛子ほか編『新家族法実務大系〔3〕相続〔1〕相続・遺産分割』137頁（新日本法規出版、2008）

② 遠藤浩＝川井健編『民法基本判例集 第三版』255頁以下〔遠藤〕（勁草書房、2010）

〔注〕1) 出典表示の方法は（1）単独著書の場合を参照。

2) 編（著）者が3名以上の場合は、1名のみ表示し、その他の共著者名は「ほか」と表示する。

(b) 講座もの

> **執筆者「論文名」編者名『書名』頁（発行所、発行年）**

〔例〕① 土井真一「日本国憲法と国民の司法参加—法の支配の担い手に関する覚書」土井真一編『岩波講座 憲法4 変容する統治システム』235頁（岩波書店、2007）

② 梶村太市「和解・調停と要件事実」伊藤滋夫＝長秀之編『民

事要件事実講座 2 総論Ⅱ』210 頁（青林書院、2005）

〔注〕1）出典の表示方法は、1 雑誌論文を参照。

　　　2）　執筆者と編者が同一のときは、後の方を省略する（例②参
　　　　　照）。

　　　3）　「編者代表」、「編著」は（編）と、「監修」は（監）と略して
　　　　　もよい。

　　　4）　第 1 巻・第 2 巻、上巻・下巻等は原典のままの表示が望まし
　　　　　いが、（1）・（2）、（上）・（下）と表示してもよい。

　　　5）　書名につける『　』はなくてもよい。その場合、編者名と書
　　　　　名の間は、「・」（ナカグロ）でつなぐ。

　(c)　コンメンタール

編者『書名』頁〔執筆者名〕（発行所、版表示、発行年）、

又は、

執筆者名『書名』頁〔編者名〕（発行所、版表示、発行年）

〔例〕①　江頭憲治郎編『会社法コンメンタール 6 ―新株予約権
　　　　　§§236–294』16 頁〔江頭憲治郎〕（商事法務、2009）又は、

　　　②　江頭憲治郎『会社法コンメンタール 6 ―新株予約権
　　　　　§§236–294』16 頁〔江頭憲治郎編〕（商事法務、2009）

〔注〕なお、以上のほか、(1) 単独著者の場合を参照。

　(d)　記念論文集

執筆者名『論文名』献呈名『書名』頁（発行所、発行年）

〔例〕平井宜雄「債権者代位権の理論的位置―解約返戻金支払請求
　　　権の差押および代位請求を手がかりとして」加藤一郎先生古
　　　稀記念『現代社会と民法学の動向〔下〕―民法一般』223 頁
　　　（有斐閣、1992）

〔注〕1）　献呈名は、加藤一郎古稀のように略して表示してもよい。

2)　なお、最近の記念論文集には献呈名を表示しないものもある。その場合、(b) 講座ものの出典の表示方法による。

(4)　翻訳書の場合

> 原著者名（訳者名）『書名』頁（発行所、発行年）

〔例〕オッコー・ベーレンツ著（河上正二訳）『歴史の中の民法─ローマ法との対話』73 頁（日本評論社、平 13）
〔注〕出典の表示方法は、(1) 単独著書の場合を参照。

③　判例研究

(1)　雑誌の場合

> 執筆者名「判批」雑誌名　巻　号　頁（発行年）、又は、巻　号（発行年）頁

〔例〕高部眞規子「判批」金法 1897 号 26 頁（2010）
〔注〕1)　「判例批評」「判例研究」等の判例研究の表示方法には、上記のほかに、原典どおりにタイトルを表示する方法、「高部眞規子・金法 1897 号 26 頁」のような、著者名と出典のみを掲げる方法などがある。
　　　2)　「判例解説」（最高裁判所調査官解説）の場合は「判解」としてもよい。

(2)　単行本の場合

> 執筆者名『書名』事件、又は、頁（発行所、発行年）

〔例〕東京・大阪医療訴訟研究会編著『医療訴訟ケースファイル Vol. 3』127頁（判例タイムズ社、2010）

〔注〕判民、商判研、最判解説のような略語を使用してもよい。

4 座談会等

出席者ほか「テーマ」雑誌名（書名）巻　号　頁〔○○発言〕（発行年）、又は、巻　号（発行年）頁〔○○発言〕

〔例〕綿貫芳源ほか「行政事件訴訟法を見直す（下）」自研76巻6号18頁〔園部発言〕（平12）

5 「前掲」文献と「注」の表示

(1) 「前掲」文献の表示

「懇話会表示方法」は、「前掲」文献の扱いとして、次のように指示している。

〔前掲文献の扱い〕

例：中山・前掲注（20）240頁

注：前掲（又は前出）の場合は、単行本及び論文ともに<u>初出の注番号を必ず表示する</u>。

なお、当該執筆者の文献が同一の（注）の中で複数引用されている場合には、下記いずれかの表示方法をとる。

(a) 論文の場合

該当の雑誌名だけを表示するのを原則とする。ただし、

論文のタイトルの略表示を用いてもよい（特に、連載論文の場合、この用法が分かりやすい）。巻、号等は省略する。

　例：(16) 碓井光明「行政上の義務履行確保〈総会報告〉（第60回総会行政の実効性確保）」公法58号141頁（1996）→<u>碓井・前掲注（16）141頁</u>

(b)　単行本の場合

　例：(30) 菅野和夫『労働法第九版（法律学講座双書）』（弘文堂、2010）374頁→<u>菅野・前掲注（30）374頁</u>

　問題は、上記枠内のアンダーライン部分である。この表記は、確かに、注番号を見ればその文献の題名・出版年・出版社等の詳細な情報がわかる。だが、執筆者や編集者にとっては、不便極まりない方法でもある。

　論文の執筆中は、文章の書き換えや、注の追加・削除が頻繁に行われるのが普通である。そして、注の追加・削除については、ワープロが自動的にその番号を変更する。しかし、注内で表記された、「前掲」部分については変更されないから、例えば上記（b）の例で注が2つ追加されたとすると、<u>執筆者が「前掲（32）」と一々手作業で変更しなければならない</u>のである。この手作業での変更を忘れた場合には、大きな問題となる。このことは、編集者泣かせのことでもあろう。

　要するに、編集者懇話会の方法は、執筆者の執筆事情を考えていないのである。そこで、私は、この方法を採らず、「菅野・前掲『労働法』374頁」として、タイトルを繰り返すことにしている。この場合には、「前掲」が付いているから「第九版」などはいらな

いし、タイトルを単純化してもかまわない。また、タイトルが明記してあるから、注の数が多くて、「前掲」がどこまで戻るのかというような問題も生じない。

(2) 注番号の扱い

注番号は、ⅰ、ⅱの方法を参考に、通し番号で表示する。

（a） 講座論文、雑誌論文の場合

同一論文中は、通し番号とする。ただし、長論文の場合、ⅱによる。

（b） モノグラフの場合（雑誌連載、単行本とも）

編、章又は節のような大見出しごとの通し番号とする。

Ⅱ 判例、先例、通達の表示

1 判例の表示

> 最大判平成 22 年 1 月 20 日民集 64 巻 1 号 1 頁
> 福岡高宮崎支判平 22・1・29 金判 1349・49
> 大判大 12・4・30 刑集 2 巻 378 頁

〔注〕1) 頁は、原則として判示事項や囲み解説なども含めて当該判例
が掲載されている初出の頁を表示する。ただし、関連事件や参
考下級審判例など、まとめて複数の判例を掲載している場合、2
つ目以降に掲げられている判例を指すときは、その判例の初出
の頁を表示する。

2) 特に該当部分を引用する場合は、その頁を〔 〕（キッコウ）
で囲むか、読点（、）を付し連記する。

例；最大判平成 22 年 1 月 20 日民集 64 巻 1 号 1 頁〔12 頁〕

3) 引用頁の表示は、その判例集の通しの頁とする。

4) 最高裁の大法廷判決については「最大判」と表示し、小法廷
判決については「最判」（小法廷を表示する場合は「最○小判」）
と表示する。なお、旧大審院の連合部判決については、大連判
と表示し、その他は大判と表示する。

5) 年・月・日及び巻・号・頁は「・」（ナカグロ）で表示しても
よい。

6) 縦組みの場合には、原則として、漢数字を用いるが、年・
月・日はアラビア数字で表示してもよい。

2 先例、通達

平23・9・12法務省民―2426号民事局民事第一課長回答
（戸籍863・83）

Ⅲ　デジタルコンテンツの表示

(1)　頁概念があるもののうち DVD など閉鎖型の文献の場合

　書籍を DVD や CD – ROM 媒体に格納したものなど、頁イメージを有する文献を引用する場合は、書籍一般の原則に従い、文献自体に表示されているタイトル、頁数等を表示する。

(2)　頁概念があるもののうち開放型の文献の場合

　最初から Web 上で発表されている、頁イメージを有しない文献を引用する場合は、URL を表示し、末尾に（　）でアクセス確認した日付を表示する。

〔例〕法律編集者懇話会、「法律文献等の出典の表示方法［2013 年版］」、法教育支援センター、http://www.houkyouikushien.or.jp/katsudo/pdf/horitsu.pdf、（2014.03.14）

〔注〕Web サイトの名称が著者名と同一の場合は省略してもよい。

(3)　頁概念のない Web サイト、データベースなどの場合

　Web サイト、データベースによってはタイトルがはっきりしないことが少なくなく、特定に配意する必要がある。それらのタイトルについては、著者、サイトの制作者等に照会して確認することが望ましい。

〔例〕参議院、「参議院審議概要　第 162 国会【常会】委員会及び調査会等の審議概要―法務委員会」、http://www.sangiin.go.jp/japanese/gianjoho/old_gaiyo/177/1774103.pdfl、（2013.11.06）

Ⅳ　法令名の略語

　各年版の総合六法全書（三省堂、有斐閣）の法令名略語に依拠した。

あ行

あらゆる形態の人種差別の撤廃に関する国際条約　**人種差別撤廃約**
育児休業、介護休業等育児又は家族介護を行う労働者の福祉に関する法
　律　**育児介護**
意匠法　**意匠**
一般社団法人及び一般財団法人に関する法律　**一般法人**

か行

外国為替及び外国貿易法　**外為**
介護保険法　**介保**
会社計算規則　**会社計算**
会社更生法　**会更**
会社更生法施行規則　**会更規**
会社分割に伴う労働契約の承継等に関する法律　**労働契約承継**
会社法　**会社**
会社法施行規則　**会社規**
会社法の施行に伴う関係法律の整備等に関する法律　**会社法整備**
覚せい剤取締法　**覚せい剤**
確定拠出年金法　**確定拠出**
貸金業法　**貸金業**
家事事件手続規則　**家事規**
家事事件手続法　**家事**
河川法　**河川**
学校教育法　**学教**
割賦販売法　**割賦**

仮登記担保契約に関する法律　**仮登記担保**

環境影響評価法　**環境影響評価**

環境基本法　**環境基**

偽造カード等及び盗難カード等を用いて行われる不正な機械式預貯金払
　戻し等からの預貯金者の保護等に関する法律　**偽造カード**

教育基本法　**教基**

行政機関の保有する個人情報の保護に関する法律　**行政個人情報**（行政
　個人情報保護）

行政機関の保有する情報の公開に関する法律　**行政情報公開**

行政事件訴訟法　**行訴**

行政代執行法　**代執**

行政手続法　**行手**

行政不服審査法　**行審**

供託法　**供託**

銀行法　**銀行**

金融商品取引法　**金商**

金融商品の販売等に関する法律　**金販**

経済的、社会的及び文化的権利に関する国際規約　**人権 A 規約**

警察官職務執行法　**警職**

警察法　**警察**

刑事収容施設及び被収容者等の処遇に関する法律　**刑事収容**

刑事訴訟規則　**刑訴規**

刑事訴訟費用等に関する法律　**刑訴費**

刑事訴訟法　**刑訴**

刑事補償法　**刑補**

軽犯罪法　**軽犯**

刑法　**刑**

健康保険法　**健保**

検察審査会法　**検審**

検察庁法　**検察**

建築基準法　**建基**

公益社団法人及び公益財団法人の認定等に関する法律　**公益法人**

公益通報者保護法 　**公益通報**

公害紛争処理法 　**公害紛争**

後見登記等に関する法律 　**後見登記**

皇室典範 　**典範**

公衆等脅迫目的の犯罪行為のための資金の提供等の処罰に関する法律
　　犯罪資金提供

公職選挙法 　**公選**

厚生年金保険法 　**厚年**

更生保護法 　**更生**

公文書等の管理に関する法律 　**公文書管理**

小切手法 　**小切手**

国際物品売買契約に関する国際連合条約 　**国際売買約**

国際連合憲章及び国際司法裁判所規程 　**国連憲章** （国際裁）

国際連合平和維持活動等に対する協力に関する法律 　**国連平和維持** （国
　連平和協力）

国税徴収法 　**税徴**

国税通則法 　**税通**

国税犯則取締法 　**税犯**

国籍法 　**国籍**

国民健康保険法 　**国保**

国民年金法 　**国年**

国有財産法 　**国財**

個人情報の保護に関する法律 　**個人情報** （個人情報保護）

戸籍法 　**戸籍**

国会法 　**国会**

国家行政組織法 　**行組**

国家公務員法 　**国公**

国家公務員倫理法 　**国公倫理**

国家賠償法 　**国賠**

国旗及び国歌に関する法律 　**国旗国歌**

雇用の分野における男女の均等な機会及び待遇の確保等に関する法律
　雇均 （雇用均等）

雇用保険法　**雇保**

さ行

災害対策基本法　**災害基**

最高裁判所裁判官国民審査法　**裁判官審査**

財政法　**財政**

最低賃金法　**最賃**

裁判員の参加する刑事裁判に関する法律　**裁判員**

裁判所法　**裁所**

裁判の迅速化に関する法律　**裁判迅速化**

自衛隊法　**自衛**

資金決済に関する法律　**資金決済**

自然環境保全法　**自然環境**

失火ノ責任ニ関スル法律　**失火**

実用新案法　**新案**

私的独占の禁止及び公正取引の確保に関する法律　**独禁**

児童虐待の防止等に関する法律　**児童虐待**

自動車損害賠償保障法　**自賠**

児童の権利に関する条約　**児童約**

児童買春、児童ポルノに係る行為等の処罰及び児童の保護等に関する法律　**児童買春**

児童福祉法　**児福**

市民的及び政治的権利に関する国際規約　**人権 B 規約**

借地借家法　**借地借家**

社債、株式等の振替に関する法律　**振替**（社債振替）

宗教法人法　**宗法**

住宅の品質確保の促進等に関する法律　**住宅品質**

銃砲刀剣類所持等取締法　**銃刀**

住民基本台帳法　**住基台帳**

出資の受入れ、預り金及び金利等の取締りに関する法律　**出資**

出入国管理及び難民認定法　**入管**

商業登記法　**商登**

少年審判規則　**少年規**

少年法　**少年**

消費者教育の推進に関する法律　**消費教育**

消費者基本法　**消費基**

消費者契約法　**消費契約**

消費税法　**消費税**

商標法　**商標**

商法　**商**

商法施行規則　**商規**

職業安定法　**職安**

食品衛生法　**食品衛生**

食品表示法　**食品表示**

女子に対するあらゆる形態の差別の撤廃に関する条約　**女子差別撤廃約**

所得税法　**所得税**

人事訴訟規則　**人訴規**

人事訴訟法　**人訴**

心神喪失等の状態で重大な他害行為を行った者の医療及び観察等に関す
　る法律　**医療観察**

信託業法　**信託業**

信託法　**信託**

ストーカー行為等の規制等に関する法律　**ストーカー**

生活保護法　**生活保護**

政治資金規正法　**政資**

精神保健及び精神障害者福祉に関する法律　**精神福祉**

製造物責任法　**製造物**

性同一性障害者の性別の取扱いの特例に関する法律　**性同一性障害**

政党助成法　**政党助成**

世界人権宣言　**人権宣言**

臓器の移植に関する法律　**臓器移植**

総合法律支援法　**法律支援**

相続税法　**相続税**

組織的な犯罪の処罰及び犯罪収益の規制等に関する法律　**組織犯罪**

租税特別措置法　**租特**
手形法　**手形**

た行

大日本帝国憲法　**明憲**（旧憲、帝憲）
建物の区分所有等に関する法律　**区分所有**
短時間労働者の雇用管理の改善等に関する法律　**短時労**
担保附社債信託法　**担信**
知的財産基本法　**知財基**
知的障害者福祉法　**知的障害**
地方公務員法　**地公**
地方財政法　**地財**
地方自治法　**自治**（地自）
地方税法　**地税**
地方独立行政法人法　**地独行法**
中間法人法　**中間法人**
仲裁法　**仲裁**
著作権法　**著作**
電子記録債権法　**電子債権**
電子消費者契約及び電子承諾通知に関する民法の特例に関する法律　**電子消費者契約**
電子署名及び認証業務に関する法律　**電子署名**
動産及び債権の譲渡の対抗要件に関する民法の特例等に関する法律　**動産債権譲渡**
道路交通法　**道交**
道路法　**道路**
特定債務等の調整の促進のための特定調停に関する法律　**特定調停**
特定産業廃棄物に起因する支障の除去等に関する特別措置法　**産廃除去**
特定商取引に関する法律　**特定商取引**
特定電気通信役務提供者の損害賠償責任の制限及び発信者情報の開示に関する法律　**IPS責任**
特定非営利活動促進法　**非営利活動**

独立行政法人通則法　**行政法人**
都市計画法　**都計**
土地基本法　**土地基**
土地区画整理法　**区画整理**（土区）
土地収用法　**収用**（土収）
特許法　**特許**

な行

内閣府設置法　**内閣府**
内閣法　**内閣**
日本国憲法　**憲**
日本国憲法の改正手続に関する法律　**憲改**
任意後見契約に関する法律　**任意後見**
年齢計算ニ関スル法律　**年齢計算**
農地法　**農地**

は行

配偶者からの暴力の防止及び被害者の保護に関する法律　**配偶者暴力**
破壊活動防止法　**破防**
爆発物取締罰則　**爆発物**
破産規則　**破産規**
破産法　**破産**
罰金等臨時措置法　**罰金臨措**
犯罪捜査のための通信傍受に関する法律　**通信傍受**
犯罪被害者等の権利利益の保護を図るための刑事手続に付随する措置
　　犯罪被害保護（犯被保護）
非訟事件手続規則　**非訟規**
非訟事件手続法　**非訟**
人質による強要行為等の処罰に関する法律　**人質**
風俗営業等の規制及び業務の適正化等に関する法律　**風営**
不公正な取引方法　**不公正告**（不公正取引）
不正アクセス行為の禁止等に関する法律　**不正アクセス**

不正競争防止法　**不正競争**

不当景品類及び不当表示防止法　**景表**

不動産登記法　**不登**

文化財保護法　**文化財**

弁護士法　**弁護士**

法人及び公益財団法人の認定等に関する法律の施行に伴う関係法律の整
　備等に関する法律　**一般法人整備**

法人税法　**法人税**

法の適用に関する通則法　**法適用**

暴力行為等処罰ニ関スル法律　**暴力処罰**

保険業法　**保険業**

保険法　**保険**

母体保護法　**母体保護**

ま行

麻薬及び向精神薬取締法　**麻薬**

マンションの管理の適正化の推進に関する法律　**マンション管理**

マンションの建替えの円滑化等に関する法律　**マンション建替**

身元保証ニ関スル法律　**身元保証**

民事再生規則　**民再規**

民事再生法　**民再**

民事執行規則　**民執規**

民事執行法　**民執**

民事訴訟規則　**民訴規**

民事訴訟費用等に関する法律　**民訴費**

民事訴訟法　**民訴**

民事調停法　**民調**

民事法律扶助法　**法律扶助**

民事保全規則　**民保規**

民事保全法　**民保**

民法　**民**

民法施行法　**民施**

ら行

利息制限法　**利息**

領海及び接続水域に関する法律　**領海**

老人福祉法　**老福**

労働安全衛生法　**労安**

労働関係調整法　**労調**

労働基準法　**労基**

労働組合法　**労組**

労働契約法　**労契**

労働者災害補償保険法　**労災**

労働者派遣事業の適正な運営の確保及び派遣労働者の就業条件の整備等
に関する法律　**労派遣**（労働派遣）

労働審判法　**労審**

Ⅴ　判例集・判例評釈書誌の略称

　裁判所及び市販の判例資料で慣用化している略称に依拠し、2字表記を原則とした。略称表記に「ゆれ」のあるものは併記。なお、次の Ⅵ 欄も参照のこと。

1　大審院時代の判例集等

(1)　公的刊行物

行政裁判所判決録　**行録**
大審院刑事判決抄録　**刑抄録**
大審院刑事判決録　**刑録**
大審院刑事判決録　**刑録**
大審院刑事判例集　**刑集**
大審院民事判決抄録　**民抄録**
大審院民事判決録　**民録**
大審院民事判決録　**民録**
大審院民事判例集　**民集**
朝鮮高等法院判決録　**朝高録**

(2)　私的刊行物

大審院裁判例（法律新聞別冊）　**裁判例**
大審院判決全集（法律新報付録）　**判決全集**
法律〔学説判例〕評論全集　**評論全集**
法律新聞（法律新聞社、明 33（1 号）〜昭 19（4922 号））　**新聞**

2 最高裁判所時代の判例集等

(1) 公的刊行物

下級裁判所刑事裁判例集　**下刑**

下級裁判所民事裁判例集　**下民**

家庭裁判月報　**家月**

行政裁判月報　**行月**

行政事件裁判例集　**行集**

刑事裁判月報　**刑月**

刑事裁判資料　**刑資**

交通事故による不法行為に関する下級裁判所民事裁判例集　**交通下民**

高等裁判所刑事裁判特報　**高刑特**

高等裁判所刑事判決特報　**判特**

高等裁判所刑事判決速報集　**高刑速**

高等裁判所刑事判例集　**高刑**

高等裁判所・地方裁判所・簡易裁判所民事裁判特報　**高地簡特**

高等裁判所民事判例集　**高民**

最高裁判所刑事判例集　**刑集**

最高裁判所裁判集刑事　**裁判集刑**

最高裁判所裁判集（刑事）要旨集　**最刑要旨**

最高裁判所・高等裁判所刑事判例要旨集（1〜9）　**最高刑要旨**

最高裁判所・高等裁判所民事判例要旨集（1〜9）　**最高民要旨**

最高裁判所裁判集民事　**裁判集民**

最高裁判所裁判集（民事）要旨集　民法編（上）（下）、商法・民事訴訟
　法（上・下）、民事関連法編（上）（下）、行政法編（上）（下）、社会経
　済法編（上）（下）　**最民要旨**

最高裁判所民事判例集　**民集**

裁判所時報　**裁時**

第一審刑事裁判例集　**一審刑集**

知的財産権関係民事・行政裁判例集　**知財集**

知的財産裁判例集（裁判所 WEB 頁）

登記関係先例集　**登記先例**

東京高等裁判所判決時報（刑事）　**東高刑時報**
東京高等裁判所判決特報（刑事）　**東高刑特**
東京高等裁判所判決時報　**東高時報**
不法行為に関する下級裁判所民事裁判例集　**不法下民**
民事裁判資料　**民資**
無体財産関係民事・行政裁判例集　**無体集**
労働関係刑事事件判決集　**労刑決**
労働関係民事行政裁判資料　**労裁資**
労働関係民事裁判例集　**労民**
労働関係民事事件裁判集　**労裁集**

(2)　その他の官庁刊行物

公正取引委員会審決集　**審決集**
公正取引委員会排除命令集　**排命集**
高等裁判所刑事裁判速報　**高検速報**
国税徴収関係判例集　**国税例集**
審決取消訴訟判決集　**取消集**
訟務月報　**訟月**
推計の合理性に関する裁判例集成　**推計裁集**
税務訴訟資料　**税資**
直接国税課税判決要旨集　**直税要集**
不当労働行為事件命令集　**命令集**
民事月報　**民月**

Ⅵ　定期刊行物の略称

　「法律時報文献月報」に依拠して、原則として2字表記とした。ただし、新出の学会や雑誌、又はポピュラーでないものについては、略語とせず、正式名称を使うことを勧める。以下で＊印を付したものは、特に略語が決まっていないものである。

1　私的刊行物

金融・商事判例（経済法令研究会）　**金判**
金融法務事情（金融財政事情研究会、平22「旬刊金融法務事情」から改題）　**金法**
交通事故民事裁判例集（ぎょうせい、昭43（1巻1号）〜　）　**交民**
判例時報（判例時報社）　**判時**
判例タイムズ（判例タイムズ社）　**判タ**
判例地方自治（ぎょうせい）　**判自**
判例秘書（LIC）　＊
法律新聞（新法律新聞社、昭31（1号）〜昭33（112号））；週刊法律新聞（法律新聞社、昭41（1号）〜　）　**新聞**
労働経済判例速報（日本経営者団体連盟）　**労経速**
労働判例（産業労働調査所）　**労判**

2　学会誌

企業法学会「企業法研究」　**企法**
金融法学会「金融法研究」　**金融法**
憲法学会「憲法研究」　＊
国際法学会「国際法外交雑誌」　**国際**

国際私法学会「国際私法年報」　**国際私法**

全国憲法研究会「憲法問題」　**憲問**

租税法学会「租税法研究」　**租税**

著作権法学会「著作権研究」　**著研**

東京家庭裁判所家庭事件研究会「ケース研究」　**ケ研**

日仏法学会「日仏法学」　**日仏**

日米法学会「アメリカ法」　**米法**

日本医事法学会「年報医事法学」　**医事法**

日本家族〈社会と法〉法学会「家族〈社会と法〉」　**家族**

日本教育法学会「日本教育法学会年報」　**教法**

日本経済法学会「日本経済法学会年報」　**経法**

日本刑法学会「刑法雑誌」　**刑法**

日本工業所有権法学会「工業所有権法学会年報」　**工所法**

日本交通法学会「交通法研究」　**交通**

日本公証法学会「公証法学」　**日公証法**

日本公法学会「公法研究」　**公法**

日本国際経済法学会「日本国際経済法学会年報」　**国経法**

日本国際政治学会「国際政治」　**際政**

日本私法学会「私法」　**私法**

日本社会保障法学会「社会保障法」　**社保**

日本税法学会「税法学」　**＊**

日本知財学会「日本知財学会誌」　**＊**

日本地方自治学会「地方自治叢書」　**＊**

日本中小企業学会「日本中小企業学会論集」　**＊**

日本賠償科学会「賠償科学」　**賠科**

日本犯罪社会学会「犯罪社会学研究」　**犯社**

日本比較法学会「比較法研究」　**比較**

日本被害者学会「被害者学研究」　**被害**

日本不動産学会「日本不動産学会誌」　**日不**

日本法社会学会「法社会学」　**法社**

日本法哲学会「法哲学年報」　**法哲**

日本保険学会「保険学雑誌」　**保雑**

日本民主法律家協会「法と民主主義」 **法民**
日本民事訴訟学会「民事訴訟法雑誌」 **民訴**
日本労働法学会「日本労働法学会誌」 **労働**
農業法学会「農業法研究」 **農法**
ジェンダー法学会「ジェンダーと法」 **＊**
比較法学会「比較法研究」 **比較**
法制史学会「法制史研究」 **法史**
法とコンピュータ学会「法とコンピュータ」 **法コン**
法と精神医療学会「法と精神医療」 **法精**
民主主義科学者協会法律部会「法の科学」 **法科**
民事訴訟法学会「民事訴訟雑誌」 **民訴**
臨床法学教育学会「法曹教育と臨床法学」 **＊**
信託法研究（信託法学会、年1） **信研**

3 大学機関誌

愛知学院大学「愛知学院大学論叢法学研究」 **愛学**
愛知大学「愛知大学法学部法経論集」 **愛大**
青山学院大学「青山法学論集」 **青法**
朝日大学「朝日法学論集」 **朝日**
亜細亜大学「亜細亜法学」 **亜大**
愛媛大学「愛媛法学会雑誌」 **愛媛**
大阪学院大学「大阪学院大学法学研究」 **阪学**
大阪経済法科大学「大阪経済法科大学論集」 **阪経法**
大阪市立大学「大阪市立大学法学雑誌」 **法雑**
大阪大学「阪大法学」 **阪法**
岡山大学「岡山大学法学会雑誌」 **岡法**
沖縄大学「沖大法学」 **沖大**
沖縄国際大学「沖縄法学」 **沖国**
香川大学「香川法学」 **香川**
鹿児島大学「法学論集」 **鹿法**

神奈川大学「神奈川法学」　**神奈**

金沢大学「金沢法学」　**金沢**

学習院大学「学習院大学法学会雑誌」　**学習院**

関西大学「法学論集」　**関法**

関西学院大学「法と政治」　**関学**

関東学院大学「関東学院法学」　**関東学院**

関東学園大学「関東学園大学法学紀要」　**関東学園**

北九州市立大学（旧北九州大学）「北九州（市立）大学法政論集」　**北九州**

九州国際大学「九州国際大学法学論集」　**九国**

九州大学「法政研究」　**法政**

京都大学「法学論叢」　**論叢**

京都学園大学「京都学園法学」　**京園**

京都産業大学「産大法学」　**産法**

近畿大学「近畿大学法学」　**近法**

熊本大学「熊本法学」　**熊法**

久留米大学「久留米大学法学」　**久留米**

慶應義塾大学「法学研究」　**法研**

神戸学院大学「神戸学院法学」　**神院**

神戸大学「神戸法学雑誌」　**神戸**

甲南大学「甲南法学」　**甲法**

國學院大学「國學院法学」　**国学院**

國士舘大学「國士舘法学」　**国士舘**

駒澤大学「法学論集」　**駒論**

札幌学院大学「札幌学院法学」　**札院**

札幌大学「札幌法学」　**札大**

静岡大学「静岡大学法政研究」　**静法**

島根大学「島大法学」　**島法**

上智大学「上智法学論集」　**上法**

駿河台大学「駿河台法学」　**駿河台**

成蹊大学「成蹊法学」　**成蹊**

成城大学「成城法学」　**成城**

西南学院大学「西南学院大学法学論集」　**西南**

清和大学「清和法学研究」　**清和**

摂南大学「摂南法学」　**摂南**

専修大学「専修法学論集」　**専法**

中央学院大学「中央学院大学法学論叢」　**中央学院**

中央大学「法学新報」　**新報**

　　　　　「比較法雑誌」（日本比較法研究所）　**比雑**

中京大学「中京法学」　**中京**

創価大学「創価法学」　**創法**

大東文化大学「大東法学」　**大東**

高岡法科大学「高岡法学」　**高岡**

拓殖大学「拓殖大学論集」　**拓論**

千葉大学「千葉大学法学論集」　**千葉**

筑波大学「筑波法政」　**筑波**

帝京大学「帝京法学」　**帝京**

東亜大学「東亜法学論叢」　**東亜**

桐蔭大学「桐蔭法学」　**桐蔭**

東海大学「東海法学」　**東海**

東京大学「法学協会雑誌」　**法協**

　　　　　「国家学会雑誌」（国家学会）　**国家**

　　　　　「社会科学研究」(社会科学研究所)　**東社**

東京都立大学「東京都立大学法学会雑誌」　**都法**

東北大学「法学」　**法学**

東北学院大学「東北学院大学論集」　**東北学院**

東洋大学「東洋法学」　**洋法**

同志社大学「同志社法学」　**同法**

獨協大学「獨協法学」　**独協**

名古屋学院大学「名古屋学院大学論集」　**名学**

名古屋経済大学「名経法学」　**名経**

名古屋大学「名古屋大学法政論集」　**名法**

奈良学園大学（旧奈良産業大学）「奈良法学会雑誌」　**奈良法（産）**

南山大学「南山法学」　**南山**

新潟大学「法政理論」　**新潟**

日本大学「日本法学」　日法
ノースアジア大学（旧秋田経済法科大学）「秋田法学」　秋田
白鴎大学「白鴎法学」　白鴎
一橋大学「一橋論叢」　一論
　　　　　「一橋法学」　一法
姫路獨協大学「姫路法学」　姫路
広島大学「広島法学」　広法
広島修道大学「修道法学」　修道
福岡大学「福岡大学法学論叢」　福法
福島大学「行政社会論集」　福島
福山平成大学「平成法学」　福山平成
法政大学「法学志林」　志林
北陸大学「北陸法学」　北陸
北海学園大学「北海学園大学法学研究」　北園
北海道大学「北大法学論集」　北法
松山大学「松山大学論集」　松山
三重大学「法経論叢」　三重
宮崎産業経営大学「宮崎産業経営大学法学論集」　宮崎産
明治学院大学「明治学院論叢法学研究」　明学
明治大学「法律論叢」　法論
名城大学「名城法学」　名城
山梨学院大学「山梨学院大学法学論集」　山院
横浜国立大学「横浜国際経済法学」　横国
　　　　　　「横浜法学」　横法
立教大学「立教法学」　立教
立正大学「立正法学論集」　立正
立命館大学「立命館法学」　立命
琉球大学「琉大法学」　琉法
龍谷大学「龍谷法学」　龍谷
早稲田大学「早稲田法学」　早法
　　　　　　「早稲田法学会誌」　早誌
　　　　　　「早稲田大学法研論集」　早研

「比較法学」（比較法研究所）　**早比**

4　法律雑誌（官公庁・研究機関・法律系図書出版社その他）　※雑誌名による

A. I. P. P. I.（国際工業所有権保護協会日本支部）　**AIPPI**

NBL（商事法務研究会）　**NBL**

外国の立法（国立国会図書館調査立法考査局）　**外法**

科学警察研究報告（科学警察研究所）　**科警**

季刊教育法（エイデル研究所）　**季教**

季刊行政管理研究（行政管理研究センター）　**季行**

季刊刑事弁護（現代人文社）　**刑弁**

季刊債権管理（金融財政事情研究会）　**債管**

季刊人事行政（日本人事行政研究所）　**季人**

季刊不動産研究（日本不動産研究所）　**不研**

行財政研究（行財政総合研究所）　**行財政**

季刊労働法（総合労働研究所）　**季労**

企業会計（中央経済社）　**企会**

銀行法務 21（経済法令研究会）　**銀法**

警察学論集（警察大学校）　**警論**

警察研究（良書普及会）　**警研**

刑政（矯正協会）　**刑政**

月刊監査役（日本監査役協会）　**監査**

月刊戸籍（テイハン）　**戸籍**

研修（法務省法務総合研究所）　**研修**

現代刑事法（現代法律出版）　**現刑**

公益法人（公益法人協会）　**公益**

航空法務研究（航空法調査研究会）　**空法**

公証（日本公証人連合会）　**公証**

公正取引（公正取引協会）　**公取**

更生保護（法務省保護局）　**更生**

更生保護と犯罪予防（日本更生保護協会）　**更犯**

国際商事法務（国際商事法研究所）　**際商**

国立国会図書館月報（国立国会図書館）　**図月**

戸籍時報（日本加除出版）　**戸時**

コピライト（著作権情報センター）　**コピ**

自治研究（良書普及会）　**自研**

自治実務セミナー（良書普及会）　**自セ**

自由と正義（日本弁護士連合会）　**自正**

受験新報（法学書院）　**受新**

シュトイエル（税法研究所）　**シュト**

ジュリスト（有斐閣）　**ジュリ**

司法研修所論集（最高裁判所司法研修所）　**司研**

訟務月報（法務省訟務局）　**訟月**

旬刊金融法務事情（金融財政事情研究会）　**金法**

旬刊商事法務（商事法務研究会）　**商事**

書研所報（裁判所書記官研修所）　**書研**

信託（信託協会）　**信託**

新聞研究（日本新聞協会）　**新研**

人権のひろば（「人権通信」を改題。全国人権擁護協力会）　**人権**

人事院月報（人事院管理局）　**人月**

生命保険協会会報（生命保険協会）　**生保**

税務弘報（中央経済社）　**税弘**

税法学（税法研究所）　**税法**

税理（ぎょうせい）　**税理**

損害保険研究（損害保険事業総合研究所）　**損保**

知財管理（日本知的財産協会）　**知管**

地方自治職員研修（公務職員研修協会）　**職研**

中央労働時報（労委協会）　**中労時**

調研紀要（最高裁判所家庭裁判所調査官研修所）　**調研**

賃金と社会保障（旬報社）　**賃社**

罪と罰（日本刑事政策研究会）　**罪罰**

登記インターネット（民事法情報センター）　**登記イン**

登記研究（テイハン）　**登研**

登記情報（金融財政事情研究会）　**登情**

時の法令（大蔵省印刷局）　**時法**

特許研究（発明協会）　**特研**

都市問題（東京市政調査会）　**都問**

都市問題研究（都市問題研究会）　**都研**

特許管理（日本特許協会）　**特許**

日本労働研究雑誌（日本労働研究機構）　**労研**

パテント（弁理士会）　**パテ**

犯罪と非行（青少年更正福祉センター）　**犯非**

不動産鑑定（住宅新報社）　**鑑定**

不動産法律セミナー（東京法経学院出版）　**不セ**

法学教室（有斐閣）　**法教**

法学セミナー（日本評論社）　**法セ**

法曹（法曹会）　**法曹**

法曹時報（法曹会）　**曹時**

法の科学（民主主義科学者協会法律部会）　**法科**

法律時報（日本評論社）　**法時**

法律のひろば（ぎょうせい）　**ひろば**

法令解説資料総覧（第一法規）　**法資**

みんけん（民事研修・誌友会）　**民研**

民商法雑誌（有斐閣）　**民商**

民事月報（法務省民事局）　**民月**

民事法情報（民事法情報センター）　**民情**

立法と調査（参議院事務局企画調整室）　**立調**

レファレンス（国立国会図書館調査立法考査局）　**レファ**

労働経済判例速報（日本経営者団体連盟）　**労経速**

労働法律旬報（旬報社）　**労旬**

Ⅶ　法律以外の文献引用方法

1　社会科学系一般

（早稲田大学公共経営大学院）

　経済学や政治学など法律以外の社会科学では、文献の引用方法も、法律系とは違っている。おおむね、Bluebook の引用方法に依拠しているといってよい。そこで、引用方法を具体的に指示している早稲田大学公共経営大学院の引用方法をその学習指導から紹介しよう [1]。

> 【注について】
> 　「引用した文献の出典を示す、もしくは本文に掲載するほどではないものの記すべき記述を付加する場合は、必ず注をつけて下さい。
> 　なお、注をページの最後に設定するか、文末脚注とするか、各章の最後に挿入するかは、指導教員の指示に従ってください。出典の示し方は、参考文献一覧での記述に対応させ、どの文献のどの部分からの引用であるかを明確に記載して下さい。
>
> ●日本語文献・本の場合・・・名前（年）『本タイトル』出

---

[1] https://www.waseda.jp/fpse/gspm/assets/uploads/2016/10/12d75a86a62b49f31f912cf2e35ebf83.pdf

版社、ページ数。

金子元久（2007）『大学の教育力―何を教え、学ぶか』
筑摩書房、pp. 50-51。

●日本語文献・紀要、論文集等の場合・・・名前（年）「論
文タイトル」『本タイトル』号数、出版社、ページ数。
金子元久（2000）「大学評価のポリティカル・エコノミー」
『高等教育研究』第 3 号日本高等教育学会編、p. 100。

●海外文献・本の場合・・・名前（年）本タイトル（斜体）、
出版地：出版社、ページ数）
Geiger, R. L. (1993) *Research and Relevant Knowledge:
American Research Universities since World War II*,
New York: Oxford University Press, p. 210.

●海外文献・論文集（共著）の場合・・・名前（年）'論文
タイトル'、本タイトル（斜体）号数：ページ数.
Davis, D. E. and Astin, H. S. (1987) 'Reputation standing
in academe', *Journal of Higher Education* 58 (3): pp.
261-275.
※「58 (3)」と「Vol.58. No.3」は同義。ただし、記入の
際はいずれかに統一すること。
※引用箇所が複数頁にまたがる場合は、「pp」で範囲を
指定すること。

●新聞記事の場合・・・「記事名」『新聞名』新聞社名、ペ

ージ数。

「早稲田大読書室、新宿区民に開放、4月から」『日本経済新聞』2002年10月10日朝刊、p. 15。

●ホームページの場合・・・「記事名」『ホームページ名』URL（閲覧日）

「全入時代大学もマニフェスト示せ『早稲田のゴーン』関元副総長語る」『asahi.com』http://www.asahi.com/edu/university/zennyu/TKY200705290236.html（閲覧日 2007/12/03）。」

2　人文系

　人文系では、文献の引用方法については、特に決まりはなく、所属する学会によって異なるようである。ただ、国際学会・国内学会や大型の研究会などを開催し、その際、事前の報告論集や事後的な雑誌掲載に関しては、落合俊郎広島大学名誉教授（障害児教育学）のご教示によれば、所属学会の一般的用法でもよいが、次のような案内を出して統一を図っているとのことである。

【文献表示の方法（以下の要領でお願いいたします）】
　　・引用文献は本文中の「右肩」にナンバーを付し、章末にナンバーに合わせて紹介する。
　　・参考文献は、章末に人名アルファベット順に表記する。

・文献表記の方法は、以下のような順序・内容を原則
とする。

〔著者名〕〔発刊年〕〔書名〕〔発行所〕〔該当ペー
ジ：必要な場合のみ〕

＊ 文献には、和文・欧文（およびその翻訳書）、単行
本・雑誌・学会誌等いくつかのパターンがあるかと思いま
すので、上記の原則でお書きいただき、出版者側で確認・
統一する形としたいと思います。

＊ 個々に引用番号を付すと章末の注が多くなるので、
本文中にはナンバーだけとし、章末には文献番号と〔著者
名〕〔発刊年〕〔書名〕〔発行所〕を基本にお願いします。

第6部 資料2 学位授与に関する規則

Ⅰ 学校教育法（第9章抄）

（昭和二十二年法律第二十六号） 最終改正令和元年法律44号
〈（抄）第9章「大学」に関する規定〉

第九章　大学（第八十三条—第百十四条）

第八十三条　大学は、学術の中心として、広く知識を授けるとともに、深く専門の学芸を教授研究し、知的、道徳的及び応用的能力を展開させることを目的とする。

2　大学は、その目的を実現するための教育研究を行い、その成果を広く社会に提供することにより、社会の発展に寄与するものとする。

第八十三条の二　前条の大学のうち、深く専門の学芸を教授研究し、専門性が求められる職業を担うための実践的かつ応用的な能力を展開させることを目的とするものは、専門職大学とする。

2　専門職大学は、文部科学大臣の定めるところにより、その専門性が求められる職業に就いている者、当該職業に関連する事業を行う者その他の関係者の協力を得て、教育課程を編成し、及び実施し、並びに教員の資質の向上を図るものとする。

専門職大学には、第八十七条第二項に規定する課程を置くことができない。

第八十四条　大学は、通信による教育を行うことができる。

第八十五条　大学には、学部を置くことを常例とする。ただし、当該大学の教

育研究上の目的を達成するため有益かつ適切である場合においては、学部以外の教育研究上の基本となる組織を置くことができる。

第八十六条 大学には、夜間において授業を行う学部又は通信による教育を行う学部を置くことができる。

第八十七条 大学の修業年限は、四年とする。ただし、特別の専門事項を教授研究する学部及び前条の夜間において授業を行う学部については、その修業年限は、四年を超えるものとすることができる。

2 医学を履修する課程、歯学を履修する課程、薬学を履修する課程のうち臨床に係る実践的な能力を培うことを主たる目的とするもの又は獣医学を履修する課程については、前項本文の規定にかかわらず、その修業年限は、六年とする。

第八十七条の二 専門職大学の課程は、これを前期二年の前期課程及び後期二年の後期課程又は前期三年の前期課程及び後期一年の後期課程（前条第一項ただし書の規定により修業年限を四年を超えるものとする学部にあつては、前期二年の前期課程及び後期二年以上の後期課程又は前期三年の前期課程及び後期一年以上の後期課程）に区分することができる。

2 専門職大学の前期課程における教育は、第八十三条の二第一項に規定する目的のうち、専門性が求められる職業を担うための実践的かつ応用的な能力を育成することを実現するために行われるものとする。

3 専門職大学の後期課程における教育は、前期課程における教育の基礎の上に、第八十三条の二第一項に規定する目的を実現するために行われるものとする。

4 第一項の規定により前期課程及び後期課程に区分された専門職大学の課程においては、当該前期課程を修了しなければ、当該前期課程から当該後期課程に進学することができないものとする。

第八十八条 大学の学生以外の者として一の大学において一定の単位を修得した者が当該大学に入学する場合において、当該単位の修得により当該大学の教育課程の一部を履修したと認められるときは、文部科学大臣の定めるところにより、修得した単位数その他の事項を勘案して大学が定める期間を修業年限に通算することができる。ただし、その期間は、当該大学の修業年限の二分の一を超えてはならない。

第八十八条の二 専門性が求められる職業に係る実務の経験を通じて当該職業を担うための実践的な能力を修得した者が専門職大学等（専門職大学又は第百八条第四項に規定する目的をその目的とする大学（第百四条第五項及び第六項において「専門職短期大学」という。）をいう。以下同じ。）に入学する場合において、当該実践的な能力の修得により当該専門職大学等の教育課程の一部を履修し

たと認められるときは、文部科学大臣の定めるところにより、修得した実践的な能力の水準その他の事項を勘案して専門職大学等が定める期間を修業年限に通算することができる。ただし、その期間は、当該専門職大学等の修業年限の二分の一を超えない範囲内で文部科学大臣の定める期間を超えてはならない。

第八十九条 大学は、文部科学大臣の定めるところにより、当該大学の学生（第八十七条第二項に規定する課程に在学するものを除く。）で当該大学に三年（同条第一項ただし書の規定により修業年限を四年を超えるものとする学部の学生にあつては、三年以上で文部科学大臣の定める期間）以上在学したもの（これに準ずるものとして文部科学大臣の定める者を含む。）が、卒業の要件として当該大学の定める単位を優秀な成績で修得したと認める場合には、同項の規定にかかわらず、その卒業を認めることができる。

第九十条 大学に入学することのできる者は、高等学校若しくは中等教育学校を卒業した者若しくは通常の課程による十二年の学校教育を修了した者（通常の課程以外の課程によりこれに相当する学校教育を修了した者を含む。）又は文部科学大臣の定めるところにより、これと同等以上の学力があると認められた者とする。

2　前項の規定にかかわらず、次の各号に該当する大学は、文部科学大臣の定めるところにより、高等学校に文部科学大臣の定める年数以上在学した者（これに準ずる者として文部科学大臣が定める者を含む。）であつて、当該大学の定める分野において特に優れた資質を有すると認めるものを、当該大学に入学させることができる。

一　当該分野に関する教育研究が行われている大学院が置かれていること。
二　当該分野における特に優れた資質を有する者の育成を図るのにふさわしい教育研究上の実績及び指導体制を有すること。

第九十一条 大学には、専攻科及び別科を置くことができる。

2　大学の専攻科は、大学を卒業した者又は文部科学大臣の定めるところにより、これと同等以上の学力があると認められた者に対して、精深な程度において、特別の事項を教授し、その研究を指導することを目的とし、その修業年限は、一年以上とする。

3　大学の別科は、前条第一項に規定する入学資格を有する者に対して、簡易な程度において、特別の技能教育を施すことを目的とし、その修業年限は、一年以上とする。

第九十二条 大学には学長、教授、准教授、助教、助手及び事務職員を置かなければならない。ただし、教育研究上の組織編制として適切と認められる場合には、准教授、助教又は助手を置かないことができる。

2　大学には、前項のほか、副学長、学部長、講師、技術職員その他必要な職員を置くことができる。

3　学長は、校務をつかさどり、所属職員を統督する。

4　副学長は、学長を助け、命を受けて校務をつかさどる。

5　学部長は、学部に関する校務をつかさどる。

6　教授は、専攻分野について、教育上、研究上又は実務上の特に優れた知識、能力及び実績を有する者であつて、学生を教授し、その研究を指導し、又は研究に従事する。

7　准教授は、専攻分野について、教育上、研究上又は実務上の優れた知識、能力及び実績を有する者であつて、学生を教授し、その研究を指導し、又は研究に従事する。

8　助教は、専攻分野について、教育上、研究上又は実務上の知識及び能力を有する者であつて、学生を教授し、その研究を指導し、又は研究に従事する。

9　助手は、その所属する組織における教育研究の円滑な実施に必要な業務に従事する。

10　講師は、教授又は准教授に準ずる職務に従事する。

第九十三条　大学に、教授会を置く。

2　教授会は、学長が次に掲げる事項について決定を行うに当たり意見を述べるものとする。

　一　学生の入学、卒業及び課程の修了

　二　学位の授与

　三　前二号に掲げるもののほか、教育研究に関する重要な事項で、教授会の意見を聴くことが必要なものとして学長が定めるもの

3　教授会は、前項に規定するもののほか、学長及び学部長その他の教授会が置かれる組織の長（以下この項において「学長等」という。）がつかさどる教育研究に関する事項について審議し、及び学長等の求めに応じ、意見を述べることができる。

4　教授会の組織には、准教授その他の職員を加えることができる。

第九十四条　大学について第三条に規定する設置基準を定める場合及び第四条第五項に規定する基準を定める場合には、文部科学大臣は、審議会等で政令で定めるものに諮問しなければならない。

第九十五条　大学の設置の認可を行う場合及び大学に対し第四条第三項若しくは第十五条第二項若しくは第三項の規定による命令又は同条第一項の規定による勧告を行う場合には、文部科学大臣は、審議会等で政令で定めるものに諮問しなければならない。

第九十六条　大学には、研究所その他の研究施設を附置することができる。

第九十七条　大学には、大学院を置くことができる。

第九十八条　公立又は私立の大学は、文部科学大臣の所轄とする。

第九十九条　大学院は、学術の理論及び応用を教授研究し、その深奥をきわめ、又は高度の専門性が求められる職業を担うための深い学識及び卓越した能力を培い、文化の進展に寄与することを目的とする。

2　大学院のうち、学術の理論及び応用を教授研究し、高度の専門性が求められる職業を担うための深い学識及び卓越した能力を培うことを目的とするものは、専門職大学院とする。

3　専門職大学院は、文部科学大臣の定めるところにより、その高度の専門性が求められる職業に就いている者、当該職業に関連する事業を行う者その他の関係者の協力を得て、教育課程を編成し、及び実施し、並びに教員の資質の向上を図るものとする。

第百条　大学院を置く大学には、研究科を置くことを常例とする。ただし、当該大学の教育研究上の目的を達成するため有益かつ適切である場合においては、文部科学大臣の定めるところにより、研究科以外の教育研究上の基本となる組織を置くことができる。

第百一条　大学院を置く大学には、夜間において授業を行う研究科又は通信による教育を行う研究科を置くことができる。

第百二条　大学院に入学することのできる者は、第八十三条の大学を卒業した者又は文部科学大臣の定めるところにより、これと同等以上の学力があると認められた者とする。ただし、研究科の教育研究上必要がある場合においては、当該研究科に係る入学資格を、修士の学位若しくは第百四条第一項に規定する文部科学大臣の定める学位を有する者又は文部科学大臣の定めるところにより、これと同等以上の学力があると認められた者とすることができる。

2　前項本文の規定にかかわらず、大学院を置く大学は、文部科学大臣の定めるところにより、第八十三条の大学に文部科学大臣の定める年数以上在学した者（これに準ずる者として文部科学大臣が定める者を含む。）であつて、当該大学院を置く大学の定める単位を優秀な成績で修得したと認めるもの（当該単位の修得の状況及びこれに準ずるものとして文部科学大臣が定めるものに基づき、これと同等以上の能力及び資質を有すると認めるものを含む。）を、当該大学院に入学させることができる。

第百三条　教育研究上特別の必要がある場合においては、第八十五条の規定にかかわらず、学部を置くことなく大学院を置くものを大学とすることができる。

第百四条 大学（専門職大学及び第百八条第二項の大学（以下この条において「短期大学」という。）を除く。以下この項及び第七項において同じ。）は、文部科学大臣の定めるところにより、大学を卒業した者に対し、学士の学位を授与するものとする。

2　<u>専門職大学</u>は、文部科学大臣の定めるところにより、<u>専門職大学を卒業した者</u>（第八十七条の二第一項の規定によりその課程を前期課程及び後期課程に区分している専門職大学にあつては、前期課程を修了した者を含む。）に対し、<u>文部科学大臣の定める学位</u>を授与するものとする。

3　<u>大学院を置く大学</u>は、文部科学大臣の定めるところにより、<u>大学院（専門職大学院を除く。）の課程を修了した者に対し修士又は博士の学位を、専門職大学院の課程を修了した者に対し文部科学大臣の定める学位を授与する</u>ものとする。

4　大学院を置く大学は、文部科学大臣の定めるところにより、<u>前項の規定により博士の学位を授与された者と同等以上の学力があると認める者に対し、博士の学位を授与</u>することができる。

5　短期大学（専門職短期大学を除く。以下この項において同じ。）は、文部科学大臣の定めるところにより、短期大学を卒業した者に対し、短期大学士の学位を授与するものとする。

6　専門職短期大学は、文部科学大臣の定めるところにより、専門職短期大学を卒業した者に対し、文部科学大臣の定める学位を授与するものとする。

7　<u>独立行政法人大学改革支援・学位授与機構</u>は、文部科学大臣の定めるところにより、次の各号に掲げる者に対し、当該各号に定める学位を授与するものとする。

一　短期大学（専門職大学の前期課程を含む。）若しくは高等専門学校を卒業した者（専門職大学の前期課程にあつては、修了した者）又はこれに準ずる者で、大学における一定の単位の修得又はこれに相当するものとして文部科学大臣の定める学習を行い、大学を卒業した者と同等以上の学力を有すると認める者　学士

二　学校以外の教育施設で学校教育に類する教育を行うもののうち当該教育を行うにつき他の法律に特別の規定があるものに置かれる課程で、<u>大学又は大学院に相当する教育を行うと認めるものを修了した者　学士、修士又は博士</u>

8　学位に関する事項を定めるについては、文部科学大臣は、第九十四条の政令で定める審議会等に諮問しなければならない。

第百五条　大学は、文部科学大臣の定めるところにより、当該大学の学生以外の者を対象とした特別の課程を編成し、これを修了した者に対し、修了の事

実を証する証明書を交付することができる。

第百六条　大学は、当該大学に学長、副学長、学部長、教授、准教授又は講師
として勤務した者であつて、教育上又は学術上特に功績のあつた者に対し、
当該大学の定めるところにより、名誉教授の称号を授与することができる。

第百七条　大学においては、公開講座の施設を設けることができる。

2　公開講座に関し必要な事項は、文部科学大臣が、これを定める。

第百八条　大学は、第八十三条第一項に規定する目的に代えて、深く専門の学
芸を教授研究し、職業又は実際生活に必要な能力を育成することを主な目的
とすることができる。

2　前項に規定する目的をその目的とする大学は、第八十七条第一項の規定に
かかわらず、その修業年限を二年又は三年とする。

3　前項の大学は、短期大学と称する。

4　第二項の大学のうち、深く専門の学芸を教授研究し、専門性が求められる
職業を担うための実践的かつ応用的な能力を育成することを目的とするもの
は、専門職短期大学とする。

5　第八十三条の二第二項の規定は、前項の大学に準用する。

6　第二項の大学には、第八十五条及び第八十六条の規定にかかわらず、学部
を置かないものとする。

7　第二項の大学には、学科を置く。

8　第二項の大学には、夜間において授業を行う学科又は通信による教育を行
う学科を置くことができる。

9　第二項の大学を卒業した者は、文部科学大臣の定めるところにより、第八
十三条の大学に編入学することができる。

10　第九十七条の規定は、第二項の大学については適用しない。

第百九条　大学は、その教育研究水準の向上に資するため、文部科学大臣の定
めるところにより、当該大学の教育及び研究、組織及び運営並びに施設及び
設備（次項及び第五項において「教育研究等」という。）の状況について自ら点検
及び評価を行い、その結果を公表するものとする。

2　大学は、前項の措置に加え、当該大学の教育研究等の総合的な状況につい
て、政令で定める期間ごとに、文部科学大臣の認証を受けた者（以下「認証評
価機関」という。）による評価（以下「認証評価」という。）を受けるものとす
る。ただし、認証評価機関が存在しない場合その他特別の事由がある場合で
あつて、文部科学大臣の定める措置を講じているときは、この限りでない。

3　専門職大学等又は専門職大学院を置く大学にあつては、前項に規定するも
ののほか、当該専門職大学等又は専門職大学院の設置の目的に照らし、当該
専門職大学等又は専門職大学院の教育課程、教員組織その他教育研究活動の

状況について、政令で定める期間ごとに、認証評価を受けるものとする。ただし、当該専門職大学等又は専門職大学院の課程に係る分野について認証評価を行う認証評価機関が存在しない場合その他特別の事由がある場合であつて、文部科学大臣の定める措置を講じているときは、この限りでない。

4　前二項の認証評価は、大学からの求めにより、大学評価基準（前二項の認証評価を行うために認証評価機関が定める基準をいう。以下この条及び次条において同じ。）に従つて行うものとする。

5　第二項及び第三項の認証評価においては、それぞれの認証評価の対象たる教育研究等状況（第二項に規定する大学の教育研究等の総合的な状況及び第三項に規定する専門職大学又は専門職大学院の教育課程、教員組織その他教育研究活動の状況をいう。次項及び第七項において同じ。）が大学評価基準に適合しているか否かの認定を行うものとする。

6　大学は、教育研究等状況について大学評価基準に適合している旨の認証評価機関の認定（次項において「適合認定」という。）を受けるよう、その教育研究水準の向上に努めなければならない。

7　文部科学大臣は、大学が教育研究等状況について適合認定を受けられなかつたときは、当該大学に対し、当該大学の教育研究等状況について、報告又は資料の提出を求めるものとする。

第百十条　認証評価機関になろうとする者は、文部科学大臣の定めるところにより、申請により、文部科学大臣の認証を受けることができる。

2　文部科学大臣は、前項の規定による認証の申請が次の各号のいずれにも適合すると認めるときは、その認証をするものとする。

　一　大学評価基準及び評価方法が認証評価を適確に行うに足りるものであること。

　二　認証評価の公正かつ適確な実施を確保するために必要な体制が整備されていること。

　三　第四項に規定する措置（同項に規定する通知を除く。）の前に認証評価の結果に係る大学からの意見の申立ての機会を付与していること。

　四　認証評価を適確かつ円滑に行うに必要な経理的基礎を有する法人（人格のない社団又は財団で代表者又は管理人の定めのあるものを含む。次号において同じ。）であること。

　五　次条第二項の規定により認証を取り消され、その取消しの日から二年を経過しない法人でないこと。

　六　その他認証評価の公正かつ適確な実施に支障を及ぼすおそれがないこと。

3　前項に規定する基準を適用するに際して必要な細目は、文部科学大臣が、これを定める。

4　認証評価機関は、認証評価を行つたときは、遅滞なく、その結果を大学に通知するとともに、文部科学大臣の定めるところにより、これを公表し、かつ、文部科学大臣に報告しなければならない。

5　認証評価機関は、大学評価基準、評価方法その他文部科学大臣の定める事項を変更しようとするとき、又は認証評価の業務の全部若しくは一部を休止若しくは廃止しようとするときは、あらかじめ、文部科学大臣に届け出なければならない。

6　文部科学大臣は、認証評価機関の認証をしたとき、又は前項の規定による届出があつたときは、その旨を官報で公示しなければならない。

第百十一条　文部科学大臣は、認証評価の公正かつ適確な実施が確保されないおそれがあると認めるときは、認証評価機関に対し、必要な報告又は資料の提出を求めることができる。

2　文部科学大臣は、認証評価機関が前項の求めに応じず、若しくは虚偽の報告若しくは資料の提出をしたとき、又は前条第二項及び第三項の規定に適合しなくなつたと認めるときその他認証評価の公正かつ適確な実施に著しく支障を及ぼす事由があると認めるときは、当該認証評価機関に対してこれを改善すべきことを求め、及びその求めによつてもなお改善されないときは、その認証を取り消すことができる。

3　文部科学大臣は、前項の規定により認証評価機関の認証を取り消したときは、その旨を官報で公示しなければならない。

第百十二条　文部科学大臣は、次に掲げる場合には、第九十四条の政令で定める審議会等に諮問しなければならない。

一　認証評価機関の認証をするとき。

二　第百十条第三項の細目を定めるとき。

三　認証評価機関の認証を取り消すとき。

第百十三条　大学は、教育研究の成果の普及及び活用の促進に資するため、その教育研究活動の状況を公表するものとする。

第百十四条　第三十七条第十四項及び第六十条第六項の規定は、大学に準用する。

Ⅱ　学位規則（文部科学省令）

（昭和二十八年文部省令第九号）最終改正平成二八年四月一日文部科学省令第二三号

　学校教育法（昭和二十二年法律第二十六号）第六十八条第一項の規定に基き、学位規則を次のように定める。

　目次

第一章　総則

（趣旨）
第一条　学校教育法（昭和二十二年法律第二十六号。以下「法」という。）第百四条第一項から第四項までの規定により大学又は独立行政法人大学改革支援・学位授与機構が授与する学位については、この省令の定めるところによる。

第二章　大学が行う学位授与

（学士の学位授与の要件）
第二条　法第百四条第一項の規定による学士の学位の授与は、大学（短期大学を除く。第十条、第十条の二、第十一条及び第十三条を除き、以下同じ。）が、当該大学を卒業した者に対し行うものとする。
（修士の学位授与の要件）
第三条　法第百四条第一項の規定による修士の学位の授与は、大学院を置く大学が、当該大学院の修士課程を修了した者に対し行うものとする。
　2　前項の修士の学位の授与は、大学院設置基準（昭和四十九年文部省令第二十八号）第四条第三項の規定により前期及び後期の課程の区分を設けない博士

課程に入学し、大学院設置基準第十六条及び第十六条の二に規定する修士課程の修了要件を満たした者に対しても行うことができる。

（博士の学位授与の要件）

第四条　法第百四条第一項の規定による博士の学位の授与は、大学院を置く大学が、当該大学院の博士課程を修了した者に対し行うものとする。

2　法第百四条第二項の規定による博士の学位の授与は、前項の大学が、当該大学の定めるところにより、大学院の行う博士論文の審査に合格し、かつ、大学院の博士課程を修了した者と同等以上の学力を有することを確認された者に対し行うことができる。

（学位の授与に係る審査への協力）

第五条　前二条の学位の授与に係る審査に当たつては、他の大学院又は研究所等の教員等の協力を得ることができる。

（専門職大学院の課程を修了した者に対し授与する学位）

第五条の二　法第百四条第一項に規定する文部科学大臣の定める学位は、次の表の上欄に掲げる区分に応じ、それぞれ同表の下欄に掲げるとおりとし、これらは専門職学位とする。

区　　分	学　　位
専門職大学院の課程（次項以下の課程を除く。）を修了した者に授与する学位	修　士（専門職）
専門職大学院設置基準（平成十五年文部科学省令第十六号）第十八条第一項に規定する法科大学院の課程を修了した者に授与する学位	法務博士（専門職）
専門職大学院設置基準第二十六条第一項に規定する教職大学院の課程を修了した者に授与する学位	教職修士（専門職）

（専門職学位の授与の要件）

第五条の三　法第百四条第一項の規定による前条の専門職学位の授与は、専門職大学院を置く大学が、当該専門職大学院の課程を修了した者に対し行うものとする。

第三章　短期大学が行う学位授与

（短期大学士の学位授与の要件）

第五条の四　法第百四条第三項の規定による短期大学士の学位の授与は、短期大学が、当該短期大学を卒業した者に対し行うものとする。

第四章　独立行政法人大学改革支援・学位授与機構が行う学位授与

（学士、修士及び博士の学位授与の要件）

第六条　法第百四条第四項の規定による同項第一号に掲げる者に対する学士の
　学位の授与は、独立行政法人大学改革支援・学位授与機構の定めるところに
　より、短期大学若しくは高等専門学校を卒業した者又は次の各号の一に該当
　する者で、大学設置基準（昭和三十一年文部省令第二十八号）第三十一条第一項
　の規定による単位等大学における一定の単位の修得又は短期大学若しくは高
　等専門学校に置かれる専攻科のうち独立行政法人大学改革支援・学位授与機
　構が定める要件を満たすものにおける一定の学修その他文部科学大臣が別に
　定める学修を行い、かつ、独立行政法人大学改革支援・学位授与機構が行う
　審査に合格した者に対し行うものとする。

　一　大学に二年以上在学し六十二単位以上を修得した者
　二　高等学校（中等教育学校の後期課程及び特別支援学校の高等部を含む。）の専
　　攻科の課程を修了した者のうち法第五十八条の二（法第七十条第一項及び第
　　八十二条において準用する場合を含む。）の規定により大学に編入学すること
　　ができるもの
　三　専修学校の専門課程を修了した者のうち法第百三十二条の規定により大
　　学に編入学することができるもの
　四　外国において学校教育における十四年の課程を修了した者
　五　その他前各号に掲げる者と同等以上の学力がある者として文部科学大臣
　　が別に定める者

2　法第百四条第四項の規定による同項第二号に掲げる者に対する学士、修士
　又は博士の学位の授与は、独立行政法人大学改革支援・学位授与機構が定め
　るところにより、同号に規定する教育施設に置かれる課程で独立行政法人大
　学改革支援・学位授与機構がそれぞれ大学の学部、大学院の修士課程又は大
　学院の博士課程に相当する教育を行うと認めるものを修了し、かつ、独立行
　政法人大学改革支援・学位授与機構の行う審査に合格した者に対し行うもの
　とする。

（学位授与の審査への参画）

第七条　前条の学位の授与の審査に当たつては、大学の教員等で高度の学識を
　有する者の参画を得るものとする。

第五章　雑則

（論文要旨等の公表）

第八条　大学及び独立行政法人大学改革支援・学位授与機構は、博士の学位を授与したときは、当該博士の学位を授与した日から三月以内に、当該博士の学位の授与に係る論文の内容の要旨及び論文審査の結果の要旨をインターネットの利用により公表するものとする。

第九条　博士の学位を授与された者は、当該博士の学位を授与された日から一年以内に、当該博士の学位の授与に係る論文の全文を公表するものとする。ただし、当該博士の学位を授与される前に既に公表したときは、この限りでない。

2　前項の規定にかかわらず、博士の学位を授与された者は、やむを得ない事由がある場合には、当該博士の学位を授与した大学又は独立行政法人大学改革支援・学位授与機構の承認を受けて、当該博士の学位の授与に係る論文の全文に代えてその内容を要約したものを公表することができる。この場合において、当該大学又は独立行政法人大学改革支援・学位授与機構は、その論文の全文を求めに応じて閲覧に供するものとする。

3　博士の学位を授与された者が行う前二項の規定による公表は、当該博士の学位を授与した大学又は独立行政法人大学改革支援・学位授与機構の協力を得て、インターネットの利用により行うものとする。

（専攻分野の名称）

第十条　大学及び独立行政法人大学改革支援・学位授与機構は、学位を授与するに当たつては、適切な専攻分野の名称を付記するものとする。

（共同教育課程に係る学位授与の方法）

第十条の二　大学設置基準第四十三条第一項、大学院設置基準第三十一条第二項、短期大学設置基準（昭和五十年文部省令第二十一号）第三十六条第一項又は専門職大学院設置基準第三十二条第二項に規定する共同教育課程を修了した者に対し行う学位の授与は、当該共同教育課程を編成する大学が連名で行うものとする。

（学位の名称）

第十一条　学位を授与された者は、学位の名称を用いるときは、当該学位を授与した大学又は独立行政法人大学改革支援・学位授与機構の名称を付記するものとする。

（学位授与の報告）

第十二条　大学又は独立行政法人大学改革支援・学位授与機構は、博士の学位を授与したときは、当該学位を授与した日から三月以内に、それぞれ別記様式第一又は別記様式第二による学位授与報告書を文部科学大臣に提出するものとする。

（学位規程）

第十三条　大学は、学位に関する事項を処理するため、論文審査の方法、試験及び学力の確認の方法等学位に関し必要な事項を定めて文部科学大臣に報告するものとする。

2　独立行政法人大学改革支援・学位授与機構は、第六条に規定する学位の授与に係る要件及び審査の方法等学位に関し必要な事項を定めて文部科学大臣に報告するとともに、これを官報に公示するものとする。

　　　附　則　（略）

索　引

近江幸治（おうみ・こうじ）

略歴　早稲田大学法学部卒業，同大学大学院博士課程修了，同大学法学部助手，
　　　専任講師，助教授，教授（1983-84 年フライブルク大学客員研究員）
現在　早稲田大学名誉教授・法学博士（早稲田大学）

〈主要著書〉
『担保制度の研究―権利移転型担保研究序説―』（学位論文・1989・成文堂）
『民法講義 0　ゼロからの民法入門』（2012・成文堂）
『民法講義Ⅰ　民法総則〔第 7 版〕』（2018・初版 1991・成文堂）
『民法講義Ⅱ　物権法〔第 4 版〕』（2020・初版 1990・成文堂）
『民法講義Ⅲ　担保物権〔第 3 版〕』（2020・初版 2004・成文堂）
『民法講義Ⅳ　債権総論〔第 4 版〕』（2020・初版 1994・成文堂）
『民法講義Ⅴ　契約法〔第 4 版〕』（2022・初版 1998・成文堂）
『民法講義Ⅵ　事務管理・不当利得・不法行為〔第 3 版〕』（2018・初版 2004・成文堂）
『民法講義Ⅶ　親族法・相続法〔第 2 版〕』（2015・初版 2010・成文堂）
『担保物権法〔新版補正版〕』（1998・初版 1988・弘文堂）
『New Public Management から「第三の道」・「共生」
　　理論への展開―資本主義と福祉社会の共生―』（2002・成文堂）
『民法総則（中国語版）』（2015・中国・北京大学出版社）
『物権法（中国語版）』（2006・中国・北京大学出版社）
『担保物権法（中国語版）』（2000・中国・法律出版社）
『担保物権法〔第 3 版〕（中国語版）』（2023・中国・上海社会科学院出版社）
『新しい民法全条文（現代語化と保証制度改正）』（2005・三省堂）
『強行法・任意法の研究』（椿寿夫教授と共編著・2018・成文堂）
『日中韓における抵当権の現在』（道垣内弘人教授と共編著・2015・成文堂）
『クリニック教育で法曹養成はどう変わったか？』（編著・2015・成文堂）
『学生のための法律ハンドブック―弁護士は君たちの生活を見守っている！』
　　（弘中惇一郎弁護士と共編著・2018・成文堂）

学術論文の作法［第 3 版］
──論文の構成・文章の書き方・研究倫理──

2011年12月20日　　初　版第 1 刷発行
2016年 7 月20日　　第 2 版第 1 刷発行
2022年 1 月10日　　第 3 版第 1 刷発行
2024年 3 月30日　　第 3 版第 3 刷発行

著　者　近　江　幸　治
発行者　阿　部　成　一

〒162-0041 東京都新宿区早稲田鶴巻町 514 番地
発行所　株式会社　成文堂
電話 03（3203）9201（代）　Fax 03（3203）9206
http://www.seibundoh.co.jp

印刷・製本　シナノ印刷
© 2022　K. Ohmi　　　Printed in Japan
☆乱丁・落丁本はおとりかえいたします☆　検印省略
ISBN978-4-7923-2776-7 C3032

定価（本体2500円＋税）